금강산전기철도
100년의 기억

KNU 강원대학교 통일강원연구원 **연구총서 4**
Kangwon Institute for Unification Studies, Kangwon National University

금강산전기철도 100년의 기억

2025년 2월 20일 초판 1쇄 발행

지은이	김영규
펴낸이	원미경
편집	김미나 박윤희
디자인	구윤민

펴낸곳	도서출판 산책
등록	1993년 5월 1일 춘천80호
주소	강원특별자치도 춘천시 우두강둑길 185
전화	033.254.8912
전자우편	book8912@naver.com

ⓒ 김영규 2025

ISBN 978-89-7864-168-5 03910 정가 18,000원

금강산전기철도

100년의  기억

글 · 김영규

6·25전쟁으로 철원군은 남북이 갈렸고 지금은 잠시 없어진 김화군도 역시 남북이 갈렸다. 그만큼 철원에는 고향을 잃은 이산가족이 많다. 일제강점기 금강산전기철도를 타고 금강산으로 수학여행을 갔던 분들은 당시 초등학교 6학년이었으니까 90세가 넘고 이제는 거의 안 계신다. 20년 전 구술조사를 한창 하러 다닐 때 들었던 내용을 바탕으로 이번에 이렇게 의미 있는 책을 내게 되어 감회가 새롭다. 책의 제목을 무엇으로 할까 마지막까지 고민하다가 『금강산전기철도 100년의 기억』으로 정했다. 여기에는 많은 분들의 복잡한 감정이 담겨있다.

금강산전기철도가 1924년 8월 1일 1차 개통했으니까 딱 100주년이 되었고 수복지구이자 접경지역에 사는 주민으로서 더군다나 근현대 지역사를 연구하는 사람으로서 어떻게 받아들이고 어떻게 기억해야 할지 오래전부터 생각했다. 하지만 주위의 관심은 적었고 일부에서는 일제가 놓은 전기철도를 왜 기념하느냐는 시선도 있었다. 역사는 과거가 아니라 현재라고 한다. 그만큼 과거에 일어났던 사실을 지금 어떻게 받아들이냐의 문제이다. 전쟁과 분단의 고통을 가장 많이 안고 사는 철원 사람들은 그 후유증과 트라우마가 유독 강하다. 일제는 군사적인 침탈과 지하자원 수탈을 위해 철도를 놓았고 금강산 개발과 관광을 통해 수익을 창출하고 자신들의 통치를 정당화하려 했다. 하지만 조선인은 민족의 영산靈山인 금강산을 통해 무한한 자부심을 느끼면서 고유의 정신을 잊지 않으려 했다.

아이러니하게도 철원은 1930년대에 가장 활기가 넘쳤고 강원도에서 두세 번째 가는 군세를 떨쳤다. 어려서 갔던 금강산에 대한 기억, 친구들과 학교에 다녔던 추억은 영원히 남아있다. 혹자는 인민군에 끌려갈 때 탔고, 누구는 월남할 때 열차를 탔다. 철원역은 만남의 장소이기도 하지만 이별의 현장이기도 했다. 기쁨과 슬픔, 감동과 고통이 그대로 남아있는 게 금강산전기철도이다. 더군다나 항상 아슬아슬하게 긴장 속에 살아가고 있는 접경지역 주민들에게는 더욱 그러하다. 이제 금강산은 우리의 희망이고 소망이자 염원이 되었다. 금강산전기철도가 다시 운행하는 그 날은 통일 대한민국이 출범하는 날이고 한민족이 새롭게 도약하는 날이 될 것이다.

아쉬운 점이 있다면 필자는 금강산에 직접 가보지 못했다. 그래서 집필이 늦어졌다. 하지만 구술조사 하면서 만났던 그분들이 말하고 싶었던 감정을 그대로 전달하고, 이참에 현재 철원에 남아있는 금강산전기철도 흔적을 조사하고 정리할 수 있었으며, 향후 이 콘텐츠를 활용해 또 다른 철원 테마관광 프로그램을 기대할 수 있게 되니 기쁘다. 책을 집필할 기회를 제공해주신 강원대 통일강원연구원 송영훈 원장님과 예쁘고 고운 책을 만들기 위해 최선을 다해주신 도서출판 산책 원미경 대표님께 감사드리고, 귀한 사진 자료를 제공하고 수시로 민통선 안 지역을 같이 탐방한 철원지역 후배 황종현 님께 특히 감사드린다.

2025년 2월

철원역사문화연구소 김영규

차례

III 금강산전기철도 추억과 흔적

I

한민족의 염원,
금강산 여행

시대를 초월해 누구나 가고 싶어 했던
금강산

금강산金剛山은 강원 북부지역 통천, 고성, 회양 3개 군에 걸쳐있는 약 530만 ㎢에 달하는 산지로 북위 38.35도와 동경 128.12도에 걸쳐있는 국내 최고의 명산名山이고 영산靈山이다. 금강산은 1만2천 봉으로 불리는 장엄한 산세와 기암괴석 그리고 깊고 웅장한 계곡이 자랑거리이다. 금강산은 해발 1,786m의 비로봉을 중심으로 여성미의 내금강內金剛과 남성미의 외금강外金剛 그리고 동해안 명승지 해금강海金剛으로 구분된다. 금강산에는 여러 고개가 있는데 이들이 금강산으로 접근하는 통로 역할을 한다. 내금강은 태백산맥 서쪽 지역[행정구역상 금강군과 창도군]이고 외금강은 동쪽 지역[행정구역상 고성군과 통천군]인데 그 사이에 있는 안무재[내무재]를 기준으로 나뉜다.

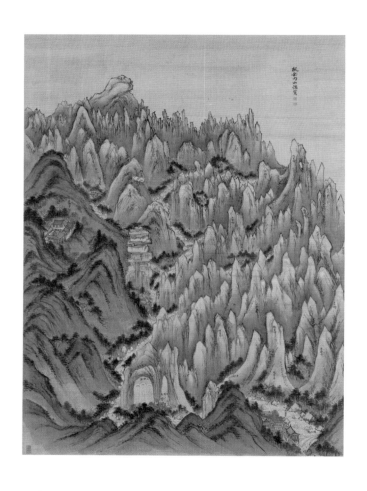

겸재 정선, 〈풍악내산총람〉, ©간송미술문화재단

금강산전기철도 100년의 기억

금강산의 변화무쌍하고도 다양한 모습은 속세와 대비되는 신비하고 성스러운 공간으로 여겨져서 예로부터 신선神仙이 사는 선경仙境이자 담무갈보살[1]이 1만 2천 보살을 거느리고 있는 불국토佛國土로 알려졌다. 조선 시대 유학자들에게 금강산은 차분한 유람을 통해 심신을 수양하고 예술적인 소재와 영감을 얻는 장소였다. 그리고 수많은 사찰과 유적이 그대로 남아 있어 역사와 문화가 살아 숨 쉬는 보고寶庫이기도 했다. 거기에다가 금강산의 수많은 봉우리와 골짜기, 연못, 폭포 등지에는 갖가지 설화와 전설, 민담이 전해져 단순한 자연물로 여기지 않고 하나의 생명체로 바라보았다.

조선 시대 금강산은 '천하에서 가장 아름다운 명산'이라고 소문나있어 신분이 높든 낮든 누구라도 평생에 꼭 한번은 가보기를 원했다. 그런데 금강산으로 가는 길은 대단히 고되고 위험한 노정路程이었으며 사회·경제적으로 여건이 안정된 신분이 아니면 나서기 어려웠다. 조선 시대 금강

---

1 담무갈보살(曇無竭菩薩)은 법기보살이라고도 하며, 『화엄경』에 의하면 금강산에 머물면서 12,000의 보살을 거느리고 설법을 한다고 한다.

산을 찾는 사람들은 대부분이 사대부士大夫였고, 여항인閭巷人[2], 화가, 악공樂工, 석공石工, 승려, 여성, 외국 사신 등도 있었다. 근대에 탄생한 철도는 단순히 이동을 편리하게 하고 시간을 단축하였을 뿐만 아니라 여행의 성격을 완전히 탈바꿈시켜 '관광觀光'의 시대를 열었다. 철도는 당시 사람들의 공간적 이동범위를 극적으로 전환하고 확대하였다. 한반도 철도는 향후 산업 발전에 지대한 공을 세웠으며 여행에도 큰 변화를 가져왔다. 이전까지 사대부의 전유물이나 마찬가지였던 장거리 여행, 명승지 유람, 시문 창작 등은 이제 대중화되고 상업화되었는데 그 모든 게 기차 덕분이었다. 과거 금강산 여행의 자연경관이 학문적인 고양과 도덕적인 이상을 추구하는 '완상玩賞'[3]의 대상이었다면 일제강점기에는 점차 대중의 여가 활동이나 문화소비의 대상이 되는 관광지로 변하였다.

1910년대 경원선과 1920년대 금강산전기철도 개통으로 조선 시대에 1~2달이나 걸리던 일정이 1주일로 줄어들

---

2 여염의 사람들로 인구 조밀 지역에 살고 벼슬을 하지 않는 일반 백성을 지칭. 현대의 '도시인' 개념.
3 어떤 대상을 취미로 즐기며 구경하는 것으로 감상(鑑賞)과는 조금 다름.

금강산전기철도 100년의 기억

었고, 1930년대 후반에는 하루 코스 여행도 가능하게 되었다. 탐승 계절인 봄과 가을에는 일요일과 축제일에 맞춰 경성역에서 출발해 다음 날 아침 내금강역에 도착하는 직통노선 야간침대열차가 특별 운행되었다. 철도 개통 이전에는 극히 한정된 구역만 탐승하였으나 철도가 개통되면서 금강산의 내금강, 외금강, 해금강 등 전 지역을 둘러보는 경우가 많아졌다. 언제라도 기차만 타면 관광이 가능해져 짧은 기간에 볼거리가 많은 장소만을 탐방하는 간략 코스가 인기였고, 장안사~만폭동~비로봉~구룡폭포~온정리 코스를 기본으로 하고 만물상, 삼일포[해금강], 명경대와 같은 관광지가 추가되는 형식으로 성행하게 되었다.

1930년대에 금강산전기철도와 동해북부선의 개통으로 금강산 관광객 수가 폭발적으로 증가하자 조선총독부 철도국과 철도협회는 더 많은 관광객을 유치하기 위해 다양한 방식으로 홍보하였다. '동양 제일의 기승奇勝', '천하의 절경絶景', '세계적 명산名山'이라는 화려한 미사여구美辭麗句로 그 위상은 높아졌고, 금강산은 조선의 명승지가 아니라 일본의 명산으로 바뀌었다. 금강산을 민족의 상징체로 보는 인식도 폭넓게 확대되었다. 20세기 초에 백두산, 금강

금강산전기철도 철원역 모습(출처: 금강산전기철도주식회사20년사)

산 등 국토 순례를 통해 민족의식을 고취하려는 움직임이 있었는데, 최남선[崔南善, 1890~1957]은『금강예찬金剛禮讚』에서 금강산을 세계적 명산이자 '조선 정신의 표식標識'이라 하였다. 동아일보와 조선일보는 금강산을 조선의 자랑, 세계적 명승, 세계적 절승絕勝, 세계적 낙원으로 지칭하며 적극적으로 보도했다.

일제강점기 금강산 관광개발과 성행은 단순히 철도와 숙박시설이 건립되면서 많은 관광객이 들른 것에 그치지 않는다. 금강산 지역은 기존 '최고의 여행 로망지', '한반도에서 가장 아름다운 산지', '온정리의 온천수' 등의 자원을 바탕으로 최초의 '관광철도'가 운행되면서 이제는 한반도에서 가장 앞선 레저와 인프라가 집약된 복합관광타운으로 변모하였다. 금강산 관광은 첨단 교통기술인 전철을 이용하고, 서구식 숙박시설인 호텔에 투숙하고, 온천장과 스키를 즐길 수 있었다. 금강산 관광시설은 가장 앞선 문물이자 최상의 문화 기호적 공간이었다. 일제의 화려한 금강산 관광개발에는 산업적인 효과뿐만 아니라 식민통치를 정당화하고 그 성공을 대대적으로 홍보하려는 복잡한 간계가 있었다.

금강산은
한민족의 역사이고 인문학의 장場

금강산은 수천 년 전부터 국내외적으로 명산名山 중 명산으로 인식되었다. 기원전 중국에서도 금강산의 존재와 가치를 알고 있었다. 중국 최고의 역사가 사마천司馬遷의 『사기史記』 진시황본기에 중국 천하를 통일한 진시황제가 방사方士[4] 서불徐市[5]을 시켜 한반도의 삼신산三神山에 가서 불로초不老草를 구해오게 했는데 이 삼신산이 봉래산蓬萊山[금강산]과 방장산[지리산], 그리고 영주산[한라산]이었다. 그리고 8세기 중국 당唐나라 승려 징관[澄觀, 738~839]은 금강산을 화

---

4 중국 고대 용어로 기술자를 뜻하지만 주로 도가에 기초한 기술에 통달한 사람을 의미하며 기술 자체는 방술(方術)이라 칭한다. 천문, 주역, 점술, 오행, 풍수, 의술, 연단술 등을 방술로 칭한다.
5 전국시대 진(秦)나라의 인물로 기원전 219년 방사로 진시황에게 중용되었고, 황제의 명을 받아 어린 남녀 수천 명을 대동하고 동쪽으로 불로초를 구하러 갔지만 돌아오지 않았다고 한다.

김윤겸, 〈장안사〉, 《금강산화첩》, ©국립중앙박물관(소장번호 본관2389)

엄경華嚴經의 세계가 구현된 장소로 여겼다. 조선 초기 중국 사신들이 조선에 올 때마다 금강산을 보고자 했던 이유는 『대장경大藏經』 속에 금강산 이야기가 실려 있었고 이로 인해 너무나 잘 알려져 있기 때문이었다.

금강산이 우리나라 기록에 처음 등장한 것은 『삼국사기』 「제사祭祀」조에 상악霜嶽이라고 나오는데 이는 국가 제의적 신성성을 드러내고 있다. 신라 시대 4명의 신선 또는 화랑이 금강산에서 노닐었다고 하는 기록을 보면 삼국통일 이후 금 강산은 수행처로서의 이미지도 강하다. 금강산은 신선계가 지상에 현현懸懸한 곳이었고 신비경의 세계로 인식되었다. 고려 시대에는 장안사, 유점사 같은 큰 사찰을 중심으로 성 지순례의 명소이자 '수양修養'과 '풍류風流'를 위한 명승名勝으 로 널리 알려졌다. 이렇듯 전통 시대 금강산은 종교적 성격 이 강한 공간이었고 시대에 따라서 그 의미가 변화하였다.

조선 시대에는 유교적 의미가 확대되었는데 특히 조선 후기에 형성된 '와유문화臥遊文化'[6]로 인해 유교적인 색채가 더욱 짙어졌다. 금강산의 명성은 더욱 높아져 지식인들에 게 반드시 가보고 싶은 탐승지探勝地로 소문났고 많은 이가 자신의 경험을 기록으로 남겼다. 조선 시대에는 남녀노소 를 불문하고 일생에 한 번만이라도 금강산에 꼭 가보고 싶 어 했다. 이후 오랜 시간 축적된 다양한 유람 기록과 관련 설화가 꾸준히 이어져 지금도 상징적인 공간으로 우리에 게 남아 있다. 당시 걸어서 금강산 가는 도중 만나는 수많

---

6 누워서 유람한다는 뜻으로, 집에서 명승이나 고적을 그린 그림을 보며 즐김을 비유적으로 이르는 말.

은 경관이나 명소가 관조觀照의 대상이 되어 다수의 시문이 창작되었다. 조선 후기에는 더욱 독보적인 명소로 거듭났고 그간 사대부들이 남겨놓은 금강산 유산기遊山記만 해도 170여 편이나 된다.

조선 중기 가사 문학의 대가인 송강松江 정철[鄭澈, 1536~1593]은 강원도 관찰사로 부임해 강원도 내의 절경들을 구경하고 「관동별곡」을 남겼다. 금강산에 들어가 만폭동萬瀑洞을 둘러보고 다음과 같이 노래했다.

> 百빅川쳔洞동 겨틔 두고 萬만瀑폭洞동 드러가니,
> 銀은 ㄱ튼 무지개, 玉옥 ㄱ튼 龍룡의 초리,
> 섯돌며 쑴는 소리 十십里리의 ㅈ자시니,
> 들을 제는 우레러니 보니는 눈이로다.

만폭동을 보고 경이감에 절로 글이 지어졌다. '백천동 곁에 두고 만폭동 들어가니, 은 같은 무지개 옥 같은 용의 꼬리, 섯돌며 뿜는 소리 십 리에 퍼졌으니, 들을 때는 우레더니 바라보니 눈이로다.' 만폭동의 특징을 간명하게 읊었다. 협소한 의미의 만폭동은 두 계곡물을 양옆에 끼고 기세 좋게 솟아 절벽을 이룬 금강대와 금강대 아래의 계곡을 가리킨다.

일제강점기에도 금강산은 조선사람이라면 누구나 직접 보고 싶은 장소였다. 동아일보와 조선일보는 경쟁적으로 금강산에 관해 보도하고 금강산 탐승단을 직접 운영했다. 금강산은 독자 확보를 위한 취재 대상이자 수익원 창출을 위한 사업의 대상이었다. 그리고 거기에는 민족적 자긍심 회복을 위하여 금강산을 자세히 알고 직접 경험해보자는 의미도 있었다. 당시 금강산 여행기의 공통된 인식은 금강산이 민족적 자긍심의 원천이라는 것이다. 조선의 혼魂, 조선 정신의 표치標幟 등의 표현을 보면 두 신문이 금강산 탐승을 단순한 관광이라기보다 민족적 자긍심을 회복하고자 하는 노력으로 평가했다. 1925년 조선일보는 금강산 여행기에 막대한 관심을 쏟았는데, 7월 11일 1면 시평 「금강산金剛山 내 사랑아」에서 금강산은 천하의 명승, 나의 사랑, 우리의 자랑으로 규정했다.

조선 시대 금강산 여행은 유교적 학문의 책무와 도덕적 이상의 실천이라는 동기 유발을 위한 것이었고, 아름다운 자연을 '완상玩賞'하는 것이 순수한 목적이었다. 일제강점기 금강산 관광 목적도 조선 시대 유교적 동기는 다소 약해졌으나 그 외의 목적은 대체로 유지되었다고 볼 수 있

1925년 7월 11일 자
〈조선일보〉

다. 현대에 와서 남북 분단 시대에는 실향민들이 고향에 대한 향수를 직접 경험할 수 있는 북한 영토라는 점이 금강산 관광의 강력한 동기로 작용한다. 이같이 시대를 불문하고 금강산은 단순한 관광자원에 그치는 것이 아니라 그곳으로 향하는 사람들의 인생과 이야기가 만들어지는 인문학의 장場이었다.

이동 수단에 따라 다양하게 변한
금강산 가던 길

　조선 중기 한양을 시작으로 조선의 관도官道가 정비되면서 금강산 탐승로探勝路도 정리되었고 조선의 사대부들이 이를 적극적으로 이용하게 되면서 금강산 탐승이 원활해졌다. 독서를 하면 사士, 벼슬길에 나가면 대부大夫인데 사대부는 조선 시대 지식인이자 지배층이었다. 대부분의 기록물이 사대부에 의해 만들어졌고, 금강산 유람 자료도 사대부들이 작성하였다. 조선 후기 금강산 탐승로는 크게 3가지이다. 첫째, 한양~철원~내금강, 둘째, 한양~철원~원산~배~외금강, 셋째, 강릉에서 해변을 따라 외금강으로 올라가는 길이다. 이 경로는 조선의 관도를 기반으로 형성되었으며 관광인프라가 거의 없던 때 사대부들이 자신들의 인맥과 지기들을 최대한 활용할 수 있는 길이었다. 숙소나 식당, 이동 수단이 발달하지 않았기에 금강산 여행을 위해서는 이러한 역할을 할 수 있는 장소나 도와줄 사람이 꼭 필요했다.

조선 시대에는 관광이란 표현이 없었고 보통 원족遠足, 유람遊覽, 탐승探勝, 여행旅行이라 했으며, 초기에는 사대부의 전유물이었다가 점차 신분의 경계를 넘어 확대되었다. 한양에서 접근로는 대개 제2로인 경흥로慶興路를 따라 이동하여 단발령斷髮嶺을 넘어 장안사長安寺를 통해 진입하는 길이었다. 주요 탐방지는 내금강, 외금강, 해금강으로 구분되는데 내금강의 비로봉 등정 코스나 외금강의 만물상 지역은 접근하기가 어려워 잘 찾지 않았다. 사찰 이외 외금강 지역은 주로 17세기 이후부터 사람들의 발길이 잦아졌으며, 만물상 일대는 19세기까지도 방문자가 거의 없었다.

조선 시대 사대부들 몇 명의 유람기를 읽어보면 금강산을 찾아갔던 구체적인 경로를 알 수 있다. 철원을 지나 금강산으로 가는 길을 남효온南孝溫, 윤휴尹鑴 등이 걸었다. 보개산을 지나 철원의 명승인 북관정에 오른 후 김화로 향했다. 김화를 지나 직목역을 통과한 후 창도역에서 금강산을 향해 동쪽으로 갔다. 보리진을 건너고 통구원을 지나 단발령에 오르는 노선이 내금강으로 가는 통로였다. 홍인우洪

정선, 〈단발령망금강〉, 《신묘년풍악도첩》, ⓒ국립중앙박물관(소장번호 덕수903-13)

仁祐, 신익성申翊聖은 포천에서 갈말읍을 거쳐 김화로 갔는데, 풍전역 인근에 있는 삼부연 폭포를 찾기도 했다. 김창협金昌協은 창도역에서 북쪽에 있는 회양에 들렀다가 장안사로 들어갔다. 이형윤李炯胤은 창도역과 신안역을 지나 추지령을 넘어 총석정을 구경하고 남하해 삼일포를 거친 후 금강산으로 향했다. 양대박梁大樸은 화천 산양역을 지나 금

금강산전기철도 100년의 기억

성을 잇는 고개를 넘었으며 금성 땅 서운역에서 꼴을 먹이고 저녁에 창도에서 유숙하였다.

　일제강점기 서양인 여행자가 이용했던 금강산 여행 경로는 크게 4가지였다. 첫째, 서울에서 내금강 일대만 돌아보고 오는 경로, 둘째, 서울에서 내금강·외금강·해금강 일대까지 여행하는 경로, 셋째, 서울이 아닌 원산에서 내·외금강을 거치거나 내·외금강과 동해안 일대를 거쳐 서울로 오는 경로, 넷째, 강원도 전역을 두루 다니며 여행하는 경로이다. 이 중 가장 즐겨 이용한 경로는 둘째로 이미 조선 시대에 가장 일반적으로 이용하던 길이었다. 조선 숙종 때 『동유기東遊記』를 쓴 김창협金昌協은 서울에서 출발하여 내금강[장안사]을 시작으로 외금강으로 빠져나와 해금강 일대 통천 총석정을 보고, 추지령을 넘어 서울로 돌아오는 코스를 이용했다. 서울에서 금강산으로 여행을 떠난 외국인들도 대개 이 경로를 이용했다.

　이후 철도가 부설되면서 금강산 여행 경로가 확 바뀌었고 여행의 성격도 달라졌다. 일제는 경원가도京元街道를 근간으로 1910년에 경원선 철도 건설공사를 시작했다. 1913년 서울-평강 구간이 부분 개통되어 금강산 여행을 위한

금강산 장안사 전경(황종현 제공)

철도 교통편이 마련되었다. 다음 해인 1914년 평강에서 금
강산을 연결하는 도로가 정비되어, 서울에서 내금강 장안
사長安寺까지 하루 만에 도착할 수 있게 되었다. 평강역에
서 말휘리까지 약 130㎞ 거리를 자동차나 도보로 이동할
수 있었다. 말휘리는 장안사로 가는 초입에 있는 마을이었
는데 이제 1박 2일 일정으로 서울에서 금강산을 다녀올 수
있는 길이 열린 것이다. 1917년 금강산 여행을 떠난 캐나
다 선교사 제임스 게일James S. Gale은 남대문에서 123㎞ 떨
어진 평강역까지 기차를 타고 이동했고, 평강역에서 140

㎞ 떨어진 장안사까지는 말을 타고 갔다.

　1920년대 중반에는 서울에서 경원선 철도를 이용해 평강역이 아닌 세포역이나 고산역까지 이동한 후 그곳에서 자동차로 장안사까지 이동하는 것이 가능해졌다. 이것이 가장 짧은 코스였다. 그러나 아무리 도로 개발이 이뤄져도 비포장도로가 많아 금강산 관광을 일반화시킨다는 건 힘들었다. 서울역에서 야간열차를 타면 다음 날 아침 원산역에 도착할 수 있었다. 그리고 원산에서 말이나 자동차를 이용해 외금강의 관문인 온정리로 이동하거나 원산에서 배를 타고 가 장전항에서 내렸다. 온정리나 장전 일대 해금강을 구경한 후 외금강의 유점사나 구룡연, 신계사, 만물상 등을 둘러보고 내금강으로 들어가는 길을 종종 이용했다. 서울에서 출발해 금강산을 여행하려면 반드시 내금강 입구 장안사를 통과해야 했고, 인접한 금강읍[말휘리]이 배후도시 역할을 했다. 외금강의 관문은 동해안에 자리한 온정리였고 인접한 고성군 장전읍이 배후도시였다. 금강산 여행을 위한 도로 및 철도 교통 인프라가 계속 바뀜에 따라 여행 일수와 경로, 그리고 여행 시 경험하는 견문 내용도 계속 달라졌다.

1914년 경원선, 1931년 금강산전기철도가 개통되어 금
강산 관광 패턴은 송두리째 바뀌었다. 최남선[崔南善, 1890~
1957]은 서울에서 금강산 가는 길은 경원선으로 철원까지
가고, 전철로 창도까지 가며, 자동차로 내금강·외금강·
해금강을 차례로 보고 장전항에서 기선으로 돌아오는 육
왕해귀선陸往海歸線 즉 '육로로 가서 해로로 돌아오는 길'과
이것을 역행하는 해왕육귀선海往陸歸線 즉 '해로로 가서 육
로로 돌아오는 길'이 있다고 했다. 그리고 원산에서 장전
으로 해 온정리에서 금강산의 온정령을 끼고 돌아 내·외
금강을 구경하고 오던 길로 다시 가는 또 다른 해왕육귀선
이 있다고 하였다. 1920년대 신문사 지국에서 금강산 탐
승단을 모집했고 전국 각지에서 탐승이 이뤄지면서 이 세
경로가 모두 활발히 이용되었다. 일제강점기 금강산 여행
기에 나타나는 금강산 여행 경로는 '해왕육귀선'이 상대적
으로 많았다.

여행travel의 시대에서
관광tourism의 시대로

　금강산 관광 개발이 본격화된 것은 1914년 경원선 개통과 1915년 조선물산공진회가 계기가 되었으나 그 이전부터 금강산에 대한 조선총독부의 관심은 지대하였다. 도로 건설과 수리, 등반로 정비, 온정리호텔과 장안사호텔 설치, 금강산전기철도 부설 등을 통해 금강산 관광 개발을 착착 진행하였다. 1918년 만철 경성관리국은 장안사와 마하연에 호텔식 설비를 하고 평강역~세포 온정리 구간에 6대의 자동차를 왕복 운행할 계획을 세워 관광객 유치를 위해 힘썼다. 이는 1917년까지 금강산 관광은 원산에서 해로로 장전항을 이용하는 게 일반적이었으나 경원선 고산역~철령~신안역~말휘리 장안사를 자동차로 직행한다는 계획이었으며 장안사 극락전을 수리하여 최신식 숙박시설을 마련하였다. 남만주철도 경성

金剛山電氣鐵道의 略圖

(서울←→101km←→ 鉄原 ←→116.6km←→内金剛)

鐵原駅　東鉄原　陽地　亭淵　　　　　金谷　　光三　　杏亭　　　白楊
　　四要　　東松　　二吉　榆谷　金化　　下所

금강산전기철도의 약도(황종현 제공)

　금강산전기철도 100년의 기억

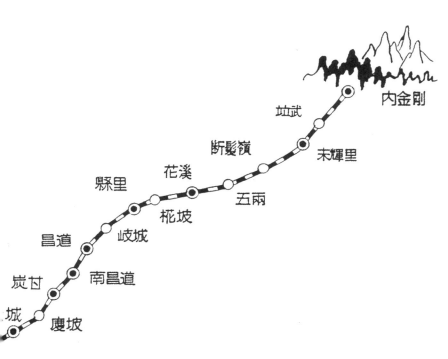

内金剛

坉武

末輝里

斷髮嶺

花溪

五兩

縣里

椒坡

昌道

岐城

炭甘

南昌道

城

廐坡

凡 例	●	始発点（駅）
	◉	駅務員駐在駅
	○	簡易駅

관리국은 1923년 곳곳에 휴게소를 설치하고, 고성~해금강, 장안사호텔~우편국, 온정리~신풍리 간에 전화를 가설하였다.

일제강점기 철도 부설은 금강산 관광에 커다란 영향을 끼쳤다. 1914년 경원선 개통을 계기로 금강산 관광의 근대화가 시작되었다면, 1931년 금강산전기철도의 완공은 금강산 대중관광의 시대를 열었다. 경원선 개통 이후 금강산에 접근하는 가장 편리한 루트는 철도를 이용하여 원산까지 간 다음 원산항에서 배로 원산장전선元山長箭線을 이용하는 것이었다. 금강산 관광의 전성기는 1931년 금강산전기철도를 개통하면서이다. 경성역에서 출발해 용산역~청량리역~의정부역을 거쳐 철원역에서 금강산전기철도로 환승해 금강산까지 이르는데 총 7~8시간이면 가능했다. 특히 토요일 밤에 경성역을 출발해서 일요일 내금강을 관광하고 월요일 새벽 경성역에 도착하는 무박 3일 금강산 주말여행이 가능해졌다. 금강산전기철도에 이어 1932년 동해북부선 안변~외금강 구간이 개통되면서 '금강산 가는 길'은 예전과는 비할 수 없을 정도로 빠르고 편리해졌다.

1938년 조선총독부 철도국에서 출판한 사진첩 『반도의 근영半島の近影』은 금강산을 다음과 같이 소개하고 있다. 조선이 가진 세계적인 지보至寶 금강산은 동양적 산수미山水美의 극치이며, 그 암석미巖石美, 계류미溪流美는 필설로 다할 수 없을 정도의 절경을 이루고 있다. 더구나 예로부터 전해 내려오는 갖가지 전설과 산재해 있는 다수의 고찰은 금강산의 색채를 한층 선명하게 해주고 경관을 더욱 웅대하게 해준다. … 금강산은 내금강과 외금강으로 나누어 탐승한다. 외금강은 만물상萬物相이라는 기승奇勝이 있어 산악미가 뛰어나고, 내금강은 만폭동萬瀑洞이라는 계곡이 있어 계류미가 뛰어나다. 금강산 탐승은 사계절을 통틀어 5~6월 신록과 9~10월 단풍 때가 가장 좋다.

조선 시대 금강산은 일반적으로 '내금강'과 '외금강'으로 구분되었는데, 조선총독부 철도국은 여기에 '신금강'과 '해금강'을 추가하여 금강산의 공간적 외연을 확대하고 관광자원을 다양화했다. 금강산의 서쪽은 내금강, 동북쪽은 외금강, 동남쪽은 신금강, 동쪽 해안은 해금강으로 구분하였다. 1930년대 금강산 사진엽서에 등장하는 내금강 명소로는 비로봉, 망군대, 만폭동, 진주담, 명경대, 장안사, 표

김하종, 〈명경대〉, 《해산도첩》, ⓒ국립중앙박물관(소장번호 덕수2827)

훈사, 정양사 등이, 외금강·신금강의 명소로는 삼불암, 만물상, 귀면암, 삼선암, 옥녀봉, 오봉산, 구룡연, 옥류동, 연주담, 한하계곡, 집선봉 등이, 해금강의 명소로는 해만물상, 불암, 입석, 송도, 삼일포, 총석정 등이 대표적이다. 1930년대 후반 금강산 관광의 대중화가 실현되면서 내·외금강 철도역사 부근 일대가 '소비와 세속의 공간'으로 변하였다. 이로써 금강산을 선경仙境·비경秘境으로 신비화하던 전통적인 인식은 점차 약해졌다.

금강산 탐승은 산세를 둘러보는 산악미 시각 체험이 관광의 핵심이 되었다. 금강산 안내서와 관광 기념엽서에는 수려한 자연경관 사진들이 많이 게시되었고, 일반 관광객 또한 명승 절경을 사진 찍었다. 이러한 세속화는 금강산에 대한 인식을 경외의 대상에서 감상과 정복의 대상으로 바꾸었고, 그림의 변화로 직결되어 '산수山水에서 풍경風景으로'의 이행이 빨라졌다. 근대 시기에 등장한 철도와 이에 기반한 여행 계층의 확산, 산업적 숙박시설들의 건립과 인쇄매체를 통한 홍보 등은 소수 계층의 전유물이던 여행travel 시대의 막을 내리고 새로운 관광tourism의 시대를 열었다. 일제는 금강산 관광이 경제적 가치가 충분해 전철을 통해 더 많은 관광객을 만들고자 했다.

1910년대까지는 원산이 명실상부한 금강산 관광의 거점도시였으나 금강산전기철도 운행으로 철원이 원산만큼 급격히 성장했다. 금강산전기철도의 핵심은 철원역이었고 금강산 여객의 증가로 과선교跨線橋와 지하도地下道를 설치하고 역을 증축하였다. 철원은 빠르게 변화했다. 철원역 앞에는 상업 시가지가 형성되었고 금강산 관광객을 상대로 장사했다. 경원선을 타고 철원에서 내린 금강산 관

1912년 10월 21일 철원역 개통식(©철도박물관)

금강산전기철도 100년의 기억

광객들은 하룻밤을 지낸 뒤 첫 전차를 타고 금강산에 가곤 하였기에 34개 여관, 10개 요리옥, 51개 음식점 등 접객업소가 밀집하게 되었다. 특히 금강산전기철도(주)에 의해 1924년부터 철원에 전등이 보급되어 화려한 밤거리는 관광객에게 더욱 인기가 높았다.

일제강점기 유명 작가들이 남긴
금강산 여행기

1894년 영국의 여성 탐험가 이사벨라 버드 비숍[Isabella Bird Bishop, 1832~1904]은 조랑말 8필과 짐꾼 8명을 대동하고 금강산 유람을 떠났다. 그녀는 기나긴 여로의 열악한 숙박과 식사 그리고 조선인들의 지나친 호기심에 시달려야 했다. 하지만 단발령斷髮嶺을 넘어서 장안사長安寺를 목전에 두고서는 "가슴이 사무치도록 아름다운 광경 … 세계 어느 심산의 아름다움도 초월한다."며 극찬했다. 비숍의 이런 매혹적인 기행문은 금강산에 대한 서구인들의 호기심을 불러일으켰고, 연이어 선교사, 언론인, 무역업자, 외교관, 학자 등이 금강산을 탐승하게 되면서 이후 일본인들도 금강산을 찾게 되었다.

일제강점기 금강산은 한반도를 대표하는 국제관광지로 주목받아 이광수, 최남선, 정인보 등 당대 조선의 명사들은 물론 일본인 여행자들이 쓴 기행문을 통해 널리 알려졌다. 조선 문단의 거장 춘원 이광수李光秀는 1921년 8월 청량리역을 출발해 경원선 세포역에서 내려 장안사로 이동하여 금강산 유람을 시작했다. 이광수는 내금강과 외금강에 걸쳐 망군대, 만폭동, 백운대, 비로봉, 유점사, 은선대, 미륵봉, 안무재, 백탑동 등 절경을 둘러보고 "나는 천지창조를 목격했다. 신천지의 제막식을 보았다."며 크게 감격했다. 그리하여 1924년 출간된 이광수의 『금강산유기金剛山遊記』는 '금강산 관광 붐'을 크게 일으켰고 이제 금강산 유람은 일반인들의 평생 소망이 되었다. 그는 경원선에서 바라본 철원 들판의 경관과 지형을 세밀하게 묘사하였는데, 철원에 도착해서 태봉국을 소개하며 '황망한 초원' 가운데 있었던 대제국을 회상했다. 철원을 지나면서는 쓸쓸한 고원지대의 경관을 노래하였다.

1921년 변영로[卞榮魯, 1898~1961]는 조선일보에 「금강행金剛行」을 14회 연재했는데 그는 경성[기차]~철원~원산[기선]~외금강 경로를 이용했고 돌아올 때는 장안사에서 자동차와 기차를 이용해 돌아왔고 이는 최남선의 분류에 의하면 '해왕육귀선'에 해당한다. 동아일보는 1924년 8월 30일부

李光秀『金剛山遊記』표지　　　　최남선『금강예찬』표지

터 한 달간 22회에 걸쳐 소일생小日生의 「금강유기金剛遊記」
를 연재했다. 금강유기는 매우 가볍고 경쾌한 문체였고 탐
승 경로가 '해왕육귀선'에 해당한다. 소일생은 1924년 8월
1일 오전 8시 15분 경원선 열차를 타고 금강산으로 향했는
데 철원~삼방~석왕사~원산을 거쳐서 온정리까지 꼬박 3
일이 걸렸다.

　1925년 7월 17일부터 12월 28까지 71회에 걸쳐 최남
선[崔南善, 1890~1957]이 '백운향도'라는 필명으로 조선일보에

「금강예찬金剛禮讚」을 연재했다. 최남선은 금강산을 민족적 자긍심의 차원을 넘어 종교적 차원으로까지 고양했다. 조선일보는 관련 사진을 실어 독자들의 관심을 끌어냈다. 최남선은 경성에서 기차로 철원까지 가고 금강산전기철도를 타고 금성까지 간 다음 자동차로 장안사까지 갔는데, 이름 하여 '육왕해귀선'이다. 그는 기차, 전차, 자동차 등을 이용해 금강산으로 가는 여행이 신문물의 한 단면으로서 일대 사건이라고 경탄했다. 시기상 그는 금강산전기철도 1차 개통 후 간 걸로 보이는데, "금강산전기철도는 아직 창도까지 밖에 개통되지 못했습니다. 여기서부터는 자동차를 갈아타고 가는데, 갈수록 협곡이 깊어지고 고개가 높아지는 속으로 무릇 1백 리를 달려서 묵파령이란 높은 고개를 넘습니다."라고 여정을 묘사하였다.

현진건[玄鎭健, 1900~1943]은 금강산 여행기를 동아일보에 연재해 일정과 감회를 구체적으로 서술했다. 그는 일요일부터 화요일 오전까지 무박 3일 관광이 가능하다는 것을 보여준다. 또 금강산전기철도를 타고 가면서 전기철도에 대한 장점과 특성에 대해서도 묘사하고 있다. 전기철도가 매연이 없으니 훨씬 쾌적하고 상쾌하고, 기존 기차와 비슷한 줄 알았으나 서울에서 타고 다니던 전차와 비슷하다고 표현했다. 서울의 전차와 다른 점으로는 화물차를 단 것과 담배를 피울 수 있다는 점이라고 묘사했다.

1931년 대구 조선민보 기자였던 김도학은 철원을 통해 내금강에서 해금강·외금강으로 10박 11일 동안 금강산을 돌아보고 『금강산유람기』를 출간했다. 그는 7시 48분 서울역에서 출발해서 10시 35분 철원에 도착한 후 금강산전기철도로 갈아타서 2시에 창도역에 하차한 후 철도국 자동차로 장안사 입구에 도착했다. 기차를 갈아타고 철원을 떠나면서 보이는 경관에 대해 "철원에서 즉시 전철을 갈아타고 10시 28분, 철원을 떠나 금강산 입구로 향했다. 도중 철로가에 생생히 보이는 논들은 모두가 신개간지였으며 산판 같은 것도 대개가 화전火田으로 되어 가고 있었다. 더구나 높은 산은 없고 대개가 들판에 경사가 져 있으므로 개간의 가능성이 있어 보였다"라고 느낌을 표현했다.

금강산의
아름다움을 극찬했던 이방인 여행가들

　　서양인들이 금강산을 그토록 좋아하고 여행하고자 했
던 이유는 무엇일까? 한국인은 예로부터 금강산에 신선神
仙이 산다고 믿었고, 신비롭고 영험한 공간으로 인식하였
다. 금강산의 뛰어난 자연경관을 보고 벅찬 감동을 느끼
는 건 서양인들도 마찬가지여서 조선에서 가장 먼저 가보
고 싶은 곳이 되었다. 외국인들은 빼어나게 아름답다는 명
성이 나 있는 금강산과 동양적인 신비감을 간직한 불교 사
찰을 직접 확인하고 싶어 했다. 영어를 사용하는 사람들
은 '금강산金剛山'을 '다이아몬드 산The Diamond Mountains'이라
불렀는데 이는 말 그대로 보석 다이아몬드가 묻혀있는 산,
또는 다이아몬드처럼 아름답고 영롱한 산, 그래서 더욱 더
가보고 싶은 산이었다.

일제강점기 금강산 표훈사(ⓒ양구근현대사박물관)

　　외국인들은 금강산의 아름다운 자연과 신비한 사찰을 직접 보고 싶어 해 위험하고 불편한 여건에서도 자기 자신의 한계를 극복하고자 도전했다. 금강산에는 유구한 역사만큼이나 종교적 순수성을 간직하고 불교문화의 정수를 보여주는 사찰이 많았다. 속세와 격리된 채 아름다운 자연 속 불교 사찰에서 불교 예술을 감상하고 그곳의 승려를 만나는 건 대단한 행운이었다. 또한 외국인들은 금강산 여행이 한국인의 정신세계를 제대로 이해할 수 있는 통로로 여겼다.

역사적으로 보면 적어도 1876년 개항 이후에나 외국인들이 금강산을 직접 여행할 수 있게 되었다. 개항 초기 외국인들은 개항장 밖으로 자유롭게 여행할 수 없었다. 여권을 소지하고 여행 허가증을 받아야만 가능했다. 1914년 경원선 철도가 부설되고 이후에 금강산전기철도가 놓이면서 금강산은 일반인 누구나 여행할 수 있는 대중적인 관광지가 되었다. 지금까지 외국인이 쓴 금강산 여행기는 140여 편에 이르고, 이 중 서양인 여행기가 38편이다. 그런데 1910년 일본 지배 이전 시기[1884~1910]에 쓴 서양인 여행기가 일제강점기[1910~1945]에 쓴 서양인 글보다 훨씬 더 많다. 이는 아마도 일본 식민지 지배하에서는 서양인들도 여러 가지 통제를 받은 것 같다.

금강산을 여행한 최초의 서양인은 주한 영국 공사관 부영사 찰스 윌리엄 캠벨[Charles William Campbell, 1861~1927]이다. 1889년 9~10월에 압록강, 백두산 등을 거쳐 금강산 등 내륙지방을 여행했고 금강산 사진이 20여 장 남아있다. 이 사진이 서양인에게 소개된 최초의 금강산 사진이다. 조지 커즌[George Nathaniel, Curzon, 1859~1925]은 강원도와 금강산을 여행한 서양인 중 지위가 가장 높다. 옥스퍼드 대학 총장과 상원의원을 역임한 그는 주한 영국 공사관 영사였다. 비숍 여사보다 2년 앞선 1892년 금강산을 여행했다. 제대로 된 금강산 기행문인 'Diamond Mountain of Korea'가 National Geographic Magazine[1924.10]에 실렸다. 그는 금강산 사찰만큼 매혹적인 곳은 세계 어디에도 없으며 기기묘묘한 자태를 뽐내는 금강산이 연출한 낭만적인 분위기는 무궁한 감동을 선사한다고 적고 있다.

이사벨라 버드 비숍[Isabella Bird Bishop, 1831 ~1904] 여사는 서양인 여행자 중 국내에 가장 널리 알려져 있다. 그녀는 금강산을 찾은 최초의 서양인 여성이었다. 영국 왕립지리학

이사벨라 버드 비숍

회 회원으로 1894년 65세 때 3년간 조선 곳곳을 돌아보고 유려한 문장으로 여행기를 썼다. 그녀가 쓴 『한국과 그 이웃 나라들Korea and Her Neighbours』은 조선을 찾는 외국인들에게 필독 여행서가 되었다. 한국에 대한 소개가 흥미롭고 자세했다. 그중에서도 금강산에 대한 소개는 많은 서양인 여행자들이 금강산을 찾게 만드는 데 결정적인 역할을 하였다. 그녀는 금강산의 아름다움에 매료되어 금강산이야말로 '참으로 아름다운 약속의 땅A fair land of promise'이라며 감탄했다. 그녀는 금강산의 아름다움을 펜으로 표현할 자신이 없다고까지 했다. 그녀의 이런 고백은 금강산에 가보지 못한 수많은 이들의 호기심을 자극했다.

비숍 여사와 함께 여행한 프레데릭 밀러[Frederick Scheibler Miller, 1866~1937] 목사도 빼놓을 수 없다. 1894년에 비숍 여사가 한국 여행을 다닐 때 그는 통역을 겸해 그녀와 함께 한국 여행을 했고 금강산도 함께 올랐다. 그의 금강산 여행기를 비숍 여사 여행기와 비교하면 여행 내용과 관점 등은 대체로 비슷하나 분량이 짧고 간결하다. 그는 금강산에 있는 장안사, 표훈사, 유점사 등 사찰 방문을 대단히 인상 깊었던 경험으로 소개했다. 캐나다 선교사이자 교육자였던 제임

스 게일[James S. Gale, 1863~1937]은 1917년 아내와 5살짜리 아들과 함께 금강산 일대를 31일간 여행했다. 이때 기록한 여행기에 이원李黿「유금강록」[1498], 이정구李廷龜「유금강산기」[1603], 조성하趙成夏「금강산기」[1865]를 직접 영어로 번역 소개했다. 게일은 서울 남대문역에서 출발해 의정부~평강~김화~금성~장투~화천~말휘리를 거쳐 내금강의 장안사에 도착한 후, 그곳을 기점 삼아 표훈사, 정양사, 명경대, 영원암, 지장암, 삼불암, 관음암, 장경사, 만폭동, 보덕굴, 화룡담, 진주담, 묘길상, 마하연, 칠보대, 은선대, 유점사, 신계사, 금강문, 구룡폭포, 보광사, 장전항 등을 두루 돌아보았다.

독일인 노르베르트 베버[Norbert Weber, 1870~1956] 신부는 금강산을 누구보다 사랑했던 이였다. 그는 오틸리엔 베네딕트 수도원 선교사로 1911년에 처음 한국을 방문했다. 14년 후인 1927년 두 번째 한국으로 부임해 원산 베네딕트 수도원 학교에서 대목장으로 시무했는데 약 5개월간 서울, 금강산, 원산, 연길 지역을 여행한 후 독일로 돌아가 1927년 『수도사와 금강산』을 출간했다. 이 책은 금강산 여행이란 단일한 주제만으로 쓴 유일한 금강산 여행기라는 점에서 의미가 크다. 10여 일 동안 장안사~망군대~보문암, 백화암, 표훈사, 정양사~보덕암, 마하연, 묘길상~유점사~신계사, 삼일포, 해금강~구룡폭포~바리봉, 만물초~비로봉~총석정 등 금강산 명소를 다녔다. 베버 신부가 직접 그린 금강산 수채화도 여러 점 실려있다.

II

금강산전기철도
부설과 운영

금강산전기철도는 우리나라 최초의 관광철도이고 사설 私設철도[7]이다. 경원선의 철원역에서 갈라져 김화金化와 창도昌道를 거쳐 종착역인 내금강內金剛까지는 116.6㎞ 거리이다. 일제는 대륙진출의 교두보를 마련하고 군사 물자 수송, 자원 수탈을 목적으로 민간업체에 보조금을 지원하면서 지선支線[8]과 사설철도 건설을 적극적으로 권장했다. 이에 따라 철원에서 내금강까지 철도를 건설해 금강산 관광객 수송과 연선沿線의 광산물을 수송하는 한편 발전소를 건설해 철도 운영에 필요한 전력을 공급하고 나머지 전력은 일반 가정에 판매하는 전략을 수립했다. 금강산전기철도는 관광철도이지만 철원주민들에게는 일상생활의 이동 수단이자 화물 수송 수단이었다. 철원 동부지역과 김화·평강 지역에 거주하는 학생들에게는 철원공립보통학교·철원중학교 통학 수단이었다. 모든 관공서와 공공시설, 병원 등이 철원읍내에 밀집해있었으며 5일 장인 철원 장에도

---

7 사유 철도(私有鐵道) 또는 줄여서 사철(私鐵)이라고 한다. 개인이나 특정 회사가 건설·운영하는 철도 노선을 의미하며 주로 민영 여객 철도를 말하는 경우가 많다. 사철의 반대는 국철(國鐵)이다.

8 철도나 수로, 통신 선로 따위에서 본선에서 곁가지로 갈려 나간 선.

철도를 타고 가야 했다. 그리고 당시 철원지역 초등학생들은 대부분 금강산으로 수학여행을 갔다. 주로 당일치기로 새벽 2~3시에 철원역에서 출발했고 내금강에 도착하면 아침 해가 떠오르기 시작했다고 한다. 도착해서는 동쪽을 향해 도열해서 기미가요를 부르고 각자 준비해 간 도시락으로 아침 식사를 해결하고 산에 올랐다. 당일치기로 수학여행을 다녀오는 이유는 금강산에서 단체로 숙박할 잠자리가 여의치 못했고 비용 절감을 위해서였다.

일제강점기 정연철교(철원역사문화연구소 제공)

금강산전기철도는
어떻게 왜 놓았을까?

금강산전기철도는 경원선 철원역과 금강산 내금강역까지 116.6㎞를 연결한 사철私鐵로서 1919년 12월 16일 금강산전기철도(주)가 창립되고, 1924년 8월 1일 철원~김화 구간이 처음 개통된 후 1931년 7월 1일 전 구간이 개통되었다. 이는 1919년 3월 25일 경편철도 부설 허가신청서가 제출된 지 12년 3개월이나 걸린 기나긴 공사였다. 사실 처음부터 전기철도를 건설하려고 했던 건 아니다. 원래는 1913년 북한강 상류 화천강化川江 유수流水를 동해東海 측 중대리 황교천黃橋川으로 흘려보내 통천 평야 2,500여 정보 미개간지 밭에 물을 대어 논으로 바꾸는 관개灌漑사업을 기획하였으나, 당시 시바우라芝浦 제작소 오타구로 주고로太田黑重五郎 사장이 수력발전 사업이 유망하다고 자문해 나중에 바뀌게 되었다.

이후 1918년 4월 일본인 공학박사 쿠메 다미노스케久米民之助가 금강산 일대를 현장 답사하고 수력전기를 이용하여 철원역과 내금강 간 철도를 운행하고 잉여전력은 철도 연선沿線과 경성으로 송전해 지역개발에 사용하기로 계획하였다. 왜냐하면 당시 증기기관차로는 험준한 산지를 넘어 금강산으로 들어가기 어려웠기 때문이다. 한반도의 동서 간 지형의 고도차를 이용해 수력발전소를 건설하고, 이 전력으로 전기철도를 운행하면 내외국인이 최고 관광지로 손꼽는 금강산 관광객의 수송뿐만 아니라 지역의 농업과 광업의 생산성 향상도 크게 기대할 수 있다고 판단한 것이다. 같은 해 7월 철도 전문가가 연선 경제성을 조사해 금강산전기철도사업의 가능성을 발견하고 지역의 특수성을 살린 유역변경식 수력발전을 더욱 구체화하였다.

화천강은 해발 약 500m 고지대를 흐르고 있으나 동해와는 불과 20㎞의 가까운 거리임에도 불구하고 태백산맥의 높은 산에 가로막혀 동쪽으로는 못 가고, 서쪽으로 북한강北漢江과 합류해 무려 330여㎞ 긴 거리를 거쳐 서해로 향했다. 그러므로 그 상류를 막아 인공 저수지를 축조하고 한반도의 척추인 태백산맥에 터널을 뚫어 동쪽으로 유도

금강산전기철도 스위치백 구간(출처: 금강산전기철도주식회사20년사)

한다면 높은 낙차로 약 2만 ㎾의 전력을 저렴하게 생산할 수 있겠다고 생각하였다. 일본에서도 그 같은 사례는 없었고 한국에서도 역시 사상 처음인 유역변경식 발전은 한국 특유의 지형에서만 얻을 수 있는 획기적인 발상이었다. 금강산전기철도는 금강산 입구 단발령에는 경사 50%에 달하는 3단 스위치백[Switch back, 선로가 Z자형으로 전진과 후진을 반복하며 오르내리는 구조]이 있었고, 최소 곡선반경이 140m에 불과해 빠른 속도로 운행할 수 없었다. 철원에서 내금강까지 소요시간은 4시간가량이고 일반인 운임은 7원 56전으로 당시 쌀 한 가마 값이었다.

금강산전기철도(주)는 1921년 1월 철도부설 연선 토지 48,000평을 매수하고 조선총독부에 국유지 약 2,000평 불하拂下를 신청했다. 이어서 철원역을 기점으로 김화에 이르는 28.8㎞ 구간의 제1기 선로 부설공사에 착수했다. 1921년 8월 조선 국철과 직통연락망을 구축하고자 협궤[0.762m]를 표준궤[1.435m]로 변경했고, 본사를 동경에서 철원읍으로 이전했다. 1922년 5월까지 토목공사, 교량가설, 궤도부설을 추진하여 1923년 1월 제1기 부설계획을 완료하고 영업을 개시했다. 그러나 1923년 9월 관동대지진으로 도시바東

금강산전기철도 관광 안내(황종현 제공)

끝에 발주했던 전동발전기가 불타서 개통이 지연되었다. 그
래서 1924년 8월 1일 남만주철도(주)로부터 증기기관차와
3등 객차를 빌려서 1일 2회 왕복 임시영업을 개시했다.

1921년 8월 금강산전기철도 구간별 선로 공사를 시작해서 1931년 7월에 116.6㎞ 전 구간 부설을 완료했다. 철도부설비는 1,056만 원으로 ㎞ 당 부설비는 9만 원이다. 1931년 금강산전철이 개통된 이후 내금강에서 비로봉을 넘어 외금강에 이르는 등산로가 개발되었다. 일제는 금강산을 새롭게 내금강, 외금강, 해금강, 신금강 등 4구역으로 나누어 관리하고, 외금강역과 온정리 간 철도와 버스를 연결했으며 숙박시설을 정비했다. 금강산전기철도(주)는 관광객 증가로 금강산 일대 개발 사업성을 높게 평가했고, 인근 농산물, 임산물, 광산물 등 화물 수송과 여객 운송 수요를 예측했다. 즉 철도 건설은 금강산 관광뿐만 아니라 강원도의 경제성과 성장성을 내다보고 한 것이다. 금강산전기철도(주)가 전기사업으로 수입을 낼 수 있었던 것은 큰 강점이었다. 중대리 발전소는 동아시아 최초의 유역변경식 수력발전소였고, 1920년대 후반 이래 조선지역 수력발전의 개발 모델이 되었다.

金剛山電氣鐵道株式會社

금강산전기철도주식회사 건물(철원역사문화연구소 제공)

금강산전기철도
부설공사 상황과 진행 일지

　서울과 원산을 잇는 경원선 철도 공사는 서울과 원산에서 각기 쌍방향으로 시작되었다. 기공식도 경성과 원산에서 시차를 두고 각기 열렸고 공사는 별도로 진행되었다. 철원역은 경원선의 중간에 위치해 경원선 공사 기간 철원 구간 공사에 대한 기록이나 보도가 거의 없다. 그에 반해 금강산전기철도는 철원역이 시발점이다. 그리고 금강산전기철도 공사가 시작될 즈음인 1919년 철원군의 경제적 위상은 경원선 공사가 시작될 무렵인 1905년과는 비교가 되지 않을 정도로 성장해 있었다. 그래서 금강산전기철도주식회사[금강산전철회사]도 본사가 철원에 있었고 공사 진행 과정이 비교적 상세하게 기록에 남아있다. 금강산전기철도 공사와 관련해 당시 철원군 상황과 주민 동향은 다음과 같다.

- 1919년 12월 16일

  금강산전기철도(주) 설립, 건설인가 획득

- 1920년 4월

  금강산전기철도사업 개시

- 1920년 6월 4일

  1920년 5월 말 제1회 주주총회 감사역監査役 산내이평山內伊平씨 상무
  취체역겸기사常務取締役兼技師 선임, 인천발전소 공사 담임擔任, 동경 본점
  사무원 대부분 조속히 철원 집중

  원철도기감元鐵道技監 사무취체역事務取締役 공학박사 강전죽오랑岡田竹五郞 씨

- 1920년 7월

  금강산전기철도(주) 철원사무소 낙성

- 1921년 6월 3일

  금강산전철회사 자본금 500만 원 중 제1회 불입금 50만 원으로 화천
  발전소 건설공사 착수, 취입수로 수도공사, 철원 방면 철도선로 실측 착수

- 1921년 7월 31일

  금강산전철회사 제1기 사업인 발전사업 공사 중 발전기 주문 8개월 뒤
  도착 예정

  내년 봄 2,500㎾ 규모 전기사업 시작, 경성전기회사와 교섭하여 경성에
  1,800㎾ 송전 예정

- 1921년 11월 9일
  금강산전철회사는 강원도 화천강化川江 물을 수도隧道로 동해안으로 보내
  통천군通川郡 양면養面 우태리牛台里에서 수력발전, 전기철도 운전하고
  나머지는 조선 각 도시에 공급
  3개 수도隧道 중 1개소 완성, 나머지는 내년 9월까지 완성 예정
  완공 후 약 1만kW 대大 전력 각지 공급 예정, 경인京仁 전차 운전에도 실
  현 가능

- 1921년 12월 17일
  금강산전철회사 영업 목적 변경
  1. 조선사설철도령에 의해 강원도 철원역에서 회양군 화천리까지 철도
     를 부설하고 통천군에서 수력전기를 발생하여 그 동력으로 여객 화
     물의 운수에 관한 일반 업무
  2. 전등電燈 동력動力의 공급 및 전기 기계 기구의 판매

- 1922년 11월 14일
  금강산전철 제1기 사업 중대리中臺里 발전설비 공사 완료[최고출력 3,500kW]
  화천~창도~금성~철원~경성 송전설비 내년 7월 완성 예정
  철원~김화 간 전철 내년 9월 개통 예정

- 1922년 11월 30일
  금강산전철 철원~김화 간 18리哩 1분分 1921년 9월 기공 총공사비
  227,500원 토공 종료
  송전설비 공사 진행 중 영업 개시 내년 9월 예정

금강산 중대리 발전소 전경(출처: 금강산전기철도주식회사20년사)

- 1923년 1월 10일

  금강산전철 철원~김화 간 궤조軌條 부설, 발전소 송전 및 전화 선로 공사 중
  3~4월경부터 공사 사업 착수, 8월 중순 공사 종료, 9월 상순 영업 개시 예정

- 1923년 8월 27일

  금강산전철 금강산수력전기회사 경영의 전차 궤도 공사 순조,
  오는 10월 철원~화천 간 개통, 차량 제작을 의뢰한 만철滿鐵에 독촉 예정

- 1923년 9월 1일

  관동 대지진으로 인해 주문한 전동 발전기 소실

- 1923년 11월 17일

  금강산전철 관동關東 대지진으로 주금 불입 불능, 김화 철원 간 철도선로는
  완료되었으나 전차 개통은 내년 봄이나 가능, 철원에 전등 2~3일 전부터
  가설 중 다음 달부터 전깃불 세상

- 1924년 7월 25일

  금강산전철 철원~김화 간 준공, 발전소 기계 미착, 당분간 증기 열차 8월
  1일부터 운전 예정, 김화~금성 간 13리 8분 토공 공사 대창토목주식
  회사 392,000원 낙찰, 내년 12월 개통 예정, 금강산전철 금년 중 64리哩
  8분分 개통 실현

- 1924년 8월 1일

  철원~김화 간 28.8㎞ 개통

금강산전기철도 100년의 기억

- 1924년 9월 8일

  금강산전철회사는 통천수력발전소 전기발전량 3,200㎾ 중 900㎾는 경성전기회사로 보내어 경성에서 사용하고, 약 100㎾는 회사철도에 사용하며, 나머지 2,200㎾는 철원, 김화, 평강, 고저庫底, 통천通川 5개소에 전등 및 지방 발전을 위해 제공 예정

- 1924년 9월 21일

  금강산전기회사 영업실적 매우 양호, 철원 김화 간 전철 지난 9월 1일 개시, 경성 송전 곧 개시, 금강 전기증배電氣增配는 재계 상황을 고려해 내년 상반기부터 실행

- 1924년 10월 27일

  금강산전철 전력 공급 및 전기운전 개시

- 1924년 11월 8일

  금강산전철회사 전등 전력 공급 및 철원 김화 간 전차 운전 개시 기념 피로연 오후 5시 반 조선호텔 개최

- 1925년 12월 20일

  김화~금성 간 16.6㎞ 부설공사 완료 개통

- 1926년 12월 16일

  금강산전철회사 철원~탄감리炭甘里 간 37리 개업, 탄감리~창도 간 5리 공사 내년 9월 개통

  다음 예정선 창도~화천 간 21리 인가 획득, 구미久米 사장 총회 성명

일시 착공 중지하고 신선인 창도~단발령~말휘리 구간 허가 출원, 창도
~화천, 화천~금강산보다 거리가 60리 짧아 공사 기간 단축, 3년 안 조
속 준공, 신선 계획은 1931년 철원 금강산 간 전부 통행 예정, 신선 계
획 현재 7,000kW에 7,000kW를 더해 14,000kW 규모 발전소 확장, 명년
가을 공사착수, 증가되는 발전량 7,000kW 중 3,000kW는 1928년 준공,
3,800kW는 1930년 준공 예정

- 1928년 4월 8일
  금강산전철 창도~현리 간 9리, 현리~금강 간 25리를 연장해 철원으로
  부터 금강산 직통선을 완성하고 올봄 연장공사에 착수할 터이나 향천
  리香泉里 신발전소[3,250kW]는 금년 중 완성하여 경성에 송전 예정

- 1928년 12월 16일
  금강선전철 현재 철원역에서 창도역까지만 통행하였는데 지난 8일 정오
  창도에서 통구역까지 개통되어 산내山內 전무, 운전 과장 소천小川, 운전수
  문정봉文正奉 3인을 비롯하여 통행 시운전을 하였다. 현재 단발령 뚫기
  공사 중이며 내년 6월경에는 장안사까지 전통할 예정

- 1929년 9월 15일
  단발령 터널 개통, 최대 난공사 구간, 1달 노임 70원, 포상금 2만원 걸고
  강행

- 1930년 9월 13일
  금강산전철 경원선 철원에서 금강구金剛口까지 현재 영업 중이고 올봄
  본격적인 산행이 시작될 무렵에는 장안사長安寺까지 연장 개통 예정

금강산전기철도 북한강 상류 현리역 부근(출처: 금강산전기철도주식회사20년사)

- 1931년 10월 9일

  가을 단풍철을 맞이해 금강산전철회사 탐승객 편의 위해 오는 20일까지
  전차 야간운전 시행

- 1933년 6월 19일

  금강산 탐승열차 17일부터 운행, 철원·안변에 환승 없이 직통열차와 동
  시에 침대차도 연결해 토요일에 운전하므로 일요일 하루를 상쾌하게
  놀고 월요일 아침 6시 35분 경성역에 도착

- 1933년 8월 17일

  철원읍 번영회 철원역 시설 요구, 지난 5월 총독부 철도국에 2건 제출
  지하도 신설 대신 과선교跨線橋 건설 통지가 지난 10일 전달, 금년 내 착수 예정

- 1934년 6월 12일

  경원선의 중심지, 철원의 관문, 금강산전철의 기점, 근래 승강객 격증하는
  신흥도시 철원
  철원번영회 작년 이래 수차례 철도 당국 진정, 과선교跨線橋와 유개有蓋
  홈 신설 촉구
  45,000원 공사비 들여 최신식 설계로 공사 진행하여 완공, 철원번영회
  발기 낙성축하연 6월 7일 오후 1시 철원역 식당 관민 유지 100여 명
  참석 성황, 승강객 선로횡단 위험 제거

금강산전기철도 철원역 모습(철원역사문화연구소 제공)

- 1938년 12월 11일

  금강산전기철도회사 전무 앵정소일櫻井小一 씨 13년 만에 조선에 재차 입국

  총독부, 체신국, 철도국 방면 관계자 인사 및 순회 면담, 조선에 본 거를 둘지는 아직 미정

  발전소 공사는 이미 준공했으므로 현상대로 유지하고 철도는 장래 국가에 매수될 것이며 남은 것은 전기인데 이것도 국가가 통제할 예정, 한강 수전 水電 주株 1만 주 소유키로 내정

- 1942년 1월 1일

  금강산전기철도주식회사 경성전기주식회사에 합병

- 1944년 10월 1일

  전시 공출 명령에 의해 창도~내금강 간 49.0㎞ 선로 철거, 폐선

금강산전기철도
주인은 철도청이 아니라 한전

    금강산전기철도(주)가 1919년 8월 조선총독부에 제출한 철도부설 인가신청서의 주요 내용은 다음과 같다. "① 영업 목적은 전기 동력을 활용한 경편輕便철도[9] 부설과 일반 교통운수업 그리고 전등 전력 공급사업이다. ② 회사 조직은 본사 동경, 지사를 강원도 철원군 철원읍에 설치하고 조선 각지에 출장소를 개설한다. ③ 선로는 철원에서 회양군 화천까지 63㎞ 계획선, 화천에서 말휘리까지 19.3㎞ 계획예정선, 이후 내·외금강을 거쳐 장전항까지 연장한다. ④ 선로 궤간은 0.762m의 협궤 단선철도로 부설한다. ⑤ 납입자본금은 공칭 자본금 500만 원에 대해 제1회

---

9   기관차와 철도차량이 작고 궤도가 좁은, 규모가 작고 간단한 철도.

10분의 1을 주금 납입액으로 한다." 위 내용 중 회사 본사는 후에 철원읍으로 옮겼고, 선로가 일부 변경되었으며, 선로 궤간도 표준궤[1.435m]로 바뀌었다.

금강산전기철도(주)는 1921년 6월 태백산맥을 관통하는 총연장 1,455m 수로용 터널 공사와 함께 취수댐, 취수구, 수압 터널, 방수로, 발전소 시설공사에 착수했다. 1922년 4월 수차, 발전기, 수압철관, 철탑 등 주요 기자재를 2천 톤급 화물선으로 건설 현장으로 운반하였다. 저수지 축조공사는 1922년 8월 완공 예정이었지만 수해와 터널 공사 곤란으로 지연되었다. 1921년 6월 중대리발전소 시설공사에 착수해 1923년 12월 완성했고, 발전소와 철원역을 연결하는 장거리 송전망 가설공사를 추진했다. 1923년 4~6월 철원변전소, 경성변전소, 장거리 송전망 시설공사에 착수했고 11월 완공했다. 1923년 9월 경성전기(주)와 잉여전력 공급계약을 체결했고, 12월 철도 연선의 철원, 김화 등지와 경기도 포천, 연천 일대 일반 전등 전력 공급과 함께 1924년 2월 경성전기(주)에 대한 개발전력의 송전을 개시했다. 1930년대 후반에는 서울 공장에 공급계약을 맺었다.

금강산 중대리 발전소 발전 시설(출처: 금강산전기철도주식회사20년사)

철원변전소 전경(출처: 금강산전기철도주식회사20년사)

금강산 유역변경식 발전소는 1921년 6월 중대리발전소 공사에 착수해서 1923년 12월 제1호 발전기와 1924년 12월 제2호 발전기를 시설했다. 1927년 12월 판유리 저수지 활용 판유리발전소를 시설했다. 1928년 11월에는 중대리발전소 방수를 활용해서 향천리발전소를 시설했다. 1936년 11월 국철 동해북부선 부설에 따른 인근의 전등 전력 수요에 대응하고자 향천리발전소 방수를 활용한 신일리발전소를 시설했다. 4개 수력발전소를 가동해서 총출력 13,500㎾의 전기를 생산했다. 4개 발전소 중 높은 낙차인 곳은 중대리뿐이어서 펠톤식[10] 수차를 사용하였고 나머지 3개 발전소는 중간 낙차여서 프란시스형[11] 수차를 사용하였다. 변전소는 경성, 철원, 금성, 화계, 창도, 영중금산, 외금강, 학방, 원동금산, 안풍금산, 남창도, 고직, 휴암, 연천 등 14개소이다. 중대리발전소~철원역~경성변전소를 연

---

10 일반적으로 유역변경식을 이용한 초고 낙차 발전소에 많이 적용된다. 반 갈라진 컵이 여러 개 붙은 형태로 된 수차인데, 고압의 물을 저 컵에 쏘아 돌리는 형식으로 유량이 적지만 수압이 높을 때 쓰면 효율적이다.

11 자동차 엔진의 터보차저 혹은 동글동글한 블로워의 드럼같이 생긴 터빈과 그 케이스를 통해 달팽이 모양처럼 동글동글한 수로를 만들며 수차의 정중앙으로 물이 빠져나오는 구조이다. 초대형 발전 시스템에 많이 쓰인다.

금강산전기철도 100년의 기억

결하는 167km의 경성송전선은 1923년 6월 가설 작업에 착수해서 11월 말 완료했다. 송전선로는 모두 경성, 중향, 중판, 화계, 금성, 철원, 향신, 남창도, 창도광산, 휴암, 원동금산, 안풍금산, 연천, 외금강의 14구간에 이르렀다.

1921년 11월 조선총독부 전등 전력 공급사업 겸영 허가서에 따르면, 전등 전력 공급 구역은 강원도 김화군 김화면, 금성면, 기오면, 철원군 철원면, 동송면, 경기도 양주군 노해면, 자둔면, 경기도 경성부, 고양군 둑도면으로 1부 8개 면이었다. 1923년 12월 철원군과 김화군, 1924년 2월 경성전기(주)에 대한 잉여전력 공급사업을 개시했다. 1931년 후반 공전 구역은 1개 읍과 14개 면이었지만, 1939년 철원군을 포함 3개 읍 27개 면으로 확대되었다. 1931년 전등 전력 수요는 4,245호에 불과했지만, 1939년 8,887호를 기록했다. 1924년 1월 철원지역 전등 호수 731호, 전등 수 2,362등이고, 김화지역 전등 호수 219호, 전등 수 580등이다. 경기도 배전 구역은 1937년 8월 연천군 연천면, 1938년 8월 포천군 포천면, 영중면, 신북면, 소걸면이다.

금강산전기철도(주)는 철도 운수업의 단거리 영업과 수송량 부족, 연선의 전등 전력 공급만으로는 대규모 개발전력 소화가 불가능했다. 그래서 1920년 9월 남만주철도(주) 경성관리국과 용산공작(주)에 대한 전력 공급계약을 체결하고, 경성전기(주)와도 잉여전력 수급 계약을 추진했다. 경성전기는 금강산전기철도(주)로부터의 수전受電을 달갑게 여기지 않음으로써 교섭은 진전되지 않았으나, 줄다리기 끝에 1923년 9월 13일 전력 수급 계약을 체결하였다. 이 수급 계약에 따라 금강산전기철도(주)는 경성전기에 최대 2,500㎾, 평상 1,200㎾의 전력을 공급하기로 하고, 1924년 2월부터 송전을 개시하게 되었다. 금강산전기철도(주)는 여타 사철회사와는 달리 유일하게 사철보조율을 상회하는 고율 배당을 실행했다. 고수익과 고배율의 원천은 철도 운수업이 아닌 전등 전력 공급사업이었다.

전기사업체로서의 금강산전기철도(주)의 운영 상황을 살펴보면 다른 전기회사와는 달리 여러 가지 면에서 특이했다. 첫째, 전원電源이 동아시아 최초의 유역변경식 수력발전으로 일본에서도 사례를 찾아볼 수 없었다. 둘째, 철도사업과 겸영했기에 조선총독부로부터 유일하게 철도보조금을 받았다. 셋째, 일본 재계 거물들이 그룹에 대거 참여하였음에도 회사는 자금난에 차입금이나 사채발행 등 많은 기

채起債로 유지하였다. 넷째, 서울 지역 전력 공급이 중복인가되어 1지역 1사社라는 총독부 원칙이 깨져 배전회사 대통합 시 경성전기(주)[12]와 오랜 진통 끝에 1942년에서야 겨우 합병되었다. 경성전기(주)가 해방 이후 대한민국에 귀속되어 국영기업으로 유지되나 시설 노후, 전력시설 부족 등의 문제로 경영난을 겪다가 1961년 7월 1일 5·16 군사쿠데타로 성공한 박정희 의장의 주도하에 남선전기(주)·조선전업(주)·경성전기(주) 3사 지분을 모두 사들인 뒤 통합해 한국전력(주)를 발족하였다. 그래서 금강산전기철도의 철도노면 부지 소유자가 등기부등본에 코레일(철도청)이 아닌 한국전력으로 되어있다.

---

12   경성전기(주)는 대한제국이 1898년에 설립한 황실기업 한성전기를 모체로 일제강점기에 전기·전차·가스 사업을 벌였던 전기회사이다.

금강산전기철도
운행을 지연시킨 각종 자연재해

　　금강산전기철도(주)의 설립 목적은 강원도 철원군 철원역에서 회양군 화천리 부근 사이에 철도를 부설하고 유역 변경식 수력전기를 동력으로 여객 · 화물 운수에 관한 일반 업무를 경영함이었다. 금강산전기철도(주)는 1922년 차량과 전차 가선架線 등 공사 시행 인가를 신청하고 12월에 전동차 3량을 용산에서 조립 제작하기로 했다. 1923년 2월 화물차에 대한 출원도 마쳤다. 금강산전기철도 개통을 위해 착착 준비가 진행되고 있었는데 1923년 9월 관동대지진이 발생해 도쿄 시바우라芝浦 제작소에서 제작 중이던 전동발전기가 불타버렸다. 이로 인해 금강산전기철도 개통을 늦출 수밖에 없었고 급히 만철滿鐵에서 기관차, 승무원, 객차를 차입해 일단 증기기관차로 개통하였다. 개통

구간은 철원~김화 간 약 28㎞였고 1924년 8월 1일부터 임시영업을 개시했다. 결국 전동발전기는 재제작하게 되었고 1924년 10월 말 금강산전기철도 본 운전을 할 수 있었고, 1925년 1월 1일에 이르러서야 전기만 이용한 열차 운전을 개시하게 되었다.

금강산전기철도(주)는 유역변경식 발전의 이점을 살려 점점 사업을 확장해나갔으나 홍수로 여러 번 피해가 있었다. 1925년[을축년] 7월 15일부터 18일까지 지속된 대홍수 때 철원 강우량이 약 700mm였고, 서울의 한강 수위가 최고조에 달해 용산역 구내 만철의 경성관리국 청사가 침수되고 경성전기회사 화력발전소도 수해를 입었다. 전신·전화가 모두 손상을 입어 불통이 발생하자 열차 운전부터 상수도 공급, 전기와 통신 등 모든 전기시설이 불능에 빠졌다. 18일 오전 중대리~철원 간 송전탑 여러 기가 물에 잠기고 전도되어 더 이상 송전을 할 수가 없었다. 21일 오후 10시 복구작업이 완료되었으나 전기시설이 큰 피해를 봤다.

1929년 대홍수 때는 중대리발전소 부근에서 산사태가 나서 여수로餘水路와 방수로放水路가 매몰되고 발전소가 침

중대리 발전소 발전실 모습(출처: 금강산전기철도주식회사20년사)

1931년 금강산 중대리발전소 수해 참상(출처: 금강산전기철도주식회사20년사)

수되었다. 복구에 한 달 정도 걸렸고 경성전기로 전기를 송출할 수 없었다. 1930년에는 전년도 같은 시기보다 강우가 더 심해져 7월 18일 결국 판유리, 중대리 두 발전소가 모두 침수되었다. 금강산 부근 선로가 500m 이상 훼손되었고 변전소가 침수되어 전기철도를 운행할 수 없었고 완전한 복구까지 20일이 걸렸다. 1933년 7월 하순부터 8월 초순에 걸쳐 호우가 있었고 화계~내금강 구간 선로 여러 곳이 무너졌다. 병자년 수해로 알려진 1936년에는 조선 전역이 큰 수해를 입었다. 강원도 지역에서 가옥 침수와 인명피해가 있었고 도로와 교량이 유실되어 외부로 연결되는 자동차 교통이 거의 다 마비되었다. 강원도에서 사망자 98명, 부상자 72명, 행방불명자 68명 등 커다란 인명피해가 있었다.

금강산전기철도
운행 실태와 회사 운영 현황

　금강산 관광은 성수기가 5월~10월이고 비성수기가 11월~4월이다. 열차 운행은 비성수기에 3회 왕복, 성수기에는 4회 왕복이었다. 성수기와 공휴일에는 경성역과 내금강역을 직통하는 2등 객차 야간열차를 운행했다. 특히 절정기인 10월에는 매일 경성역 출발 야간 직통열차와 임시열차를 운행했다. 1940년 당시 야간 직통열차를 이용한 무박 2일 관광의 왕복 교통비는 13원이었고, 장안사 1박 3일 일정은 14원 50전이었다. 금강산 전용 전철은 식당칸과 침대칸까지 갖춰진 호화 관광열차로써 출발지인 철원에서 금강산까지 4시간 정도 걸렸다. 기차 요금은 7원 56전으로 당시 쌀 한 가마니값의 고가였지만 연일 만원이었다. 그래서 주로 일본인이나 중국인, 미국인들이 이용했고, 조선인 중에는 아주 부자나 이용할 수 있었다.

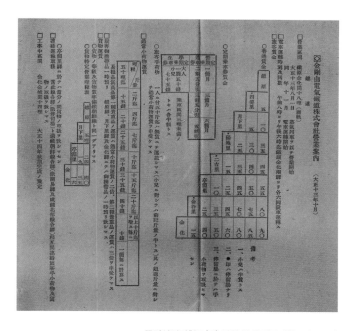

금강산전기철도(주) 영업 안내 팸플릿(황종현 제공)

　　금강산전기철도(주)는 처음 수지收支 계획에서 여객 수
입 20만 원, 화물 수입 11만 원, 잡수입 1만 원으로 합계
약 32만 원을 예상했다. 여객 수입 20만 원은 1917년 당시
연선 인구[철원군 외 6개군] 389,820명에 대해 연간 승차 인원
을 약 25%인 97,455명으로 추산했고, 1인당 승차 거리 42

km[㎞당 5전] 1인당 2원 20전으로 산정했다. 화물 수입 11만 원은 연선의 목탄, 목재, 생우, 수수, 연초, 대두, 미곡, 잡곡 등 철원군 외 5개 군 생산액 131,400톤 가운데 20%인 26,280톤을 예정 수송량으로 ㎞당 톤당 10전, 평균 42㎞를 주행거리로 산정했다. 금강산전기철도(주)는 일본 철도성과 조선 국철 그리고 조선 최대의 사철회사 조선철도(주)와 비교해도 높은 화객 운임률을 기록했다. 이는 험준한 산악지형을 통과하는 선로 부설에 따른 고액의 부설비 계상 때문이었다. 1933년 10월 당시 특종 화물 운임률은 원거리 비례법을 적용한 목재와 중석에 한정되었다. 여객 운임률은 조선 국철과 같이 정기승차, 단체승차, 객차대절, 열차대절에 대하여 특종 운임률을, 교사, 학생, 아동, 군속, 유가족, 박람회 · 공진회 · 품평회 · 전람회 · 강습회 참석자, 이주민, 피구호자에 대해 할인운임률[13]을 적용했다.

---

13 할인운임률은 주로 영업 정책, 사회 정책, 산업 정책상의 이유로 특별한 조건하에서 제한적으로 운임 할인을 이루는 경우를 설정하는 것.

금강산전기철도 철원역 모습(철원역사문화연구소 제공)

1924년 운수 여객은 약 7만 명에 불과했으나 전체 개통한 1931년에는 약 24만 명으로 증가했고, 1940년 84만 명으로 최대를 기록했으나 이후 전시 통제경제 영향으로 급격히 감소했다. 금강산 관광객은 1925년 186명으로 시작해서 1938년 24,892명으로 합계 153,106명을 기록했다. 이 가운데 1925~30년까지 관광객은 23,708명에 불과했지만, 1931~39년 129,398명을 기록했다. 이는 전체 구간 개통과 함께 금강산 관광객이 급증했기 때문이다. 하지만 1940년 통제경제 영향으로 할인 티켓 판매가 중지되었고, 1941년 7월 금강산 관광 자체가 금지되었다. 태평양전쟁의 격화로 금강산전철 역시 전쟁물자로 사용하기 위하여 1944년 창도에서 내금강에 이르는 49㎞ 선로를 철거하였다.

1930년대 화물 수송량 증가는 연선의 활발한 광산 개발 때문인데 특히 창도역 부근에서는 철도 개통 이전부터 중석重石 광산이 가동했었고, 1931년부터 유화철광석을 비롯해 중석, 망간, 금광 개발을 본격화했다. 유화철광석과 중석 수송량은 1932년 약 2만 톤에 불과했지만 1938년 13만 톤을 기록했다. 철광석 중에 유화철광석 수송량이 89.4%에 달했다. 화물 수송량에서 철광석 비중은 1932년 27.9%에서

남창도역 황화철 적재 작업 광경(출처: 금강산전기철도주식회사20년사)

1938년 62.4%로 급격한 증가세를 기록했다. 일제강점기 철도 운수의 특징은 화물 수입이 주가 되고 여객 수입은 그 뒤를 따르는 화주객종貨主客從의 영업구조였다.

금강산전기철도
차창에 비추어진 철원 모습

조선 시대 선비들은 금강산에 가보는 것이 일생일대 꿈이요, 영광이었다고 한다. 이러한 의식은 근·현대에도 그대로 이어져 일제강점기 나라를 잃은 슬픔에도 금강산을 찾은 문학인들은 우리 강토의 아름다움을 극찬하며 그들의 느낌과 정서를 그대로 문장으로 남겼다. 그중에 철원역과 철원평야 그리고 금강산전기철도에 관한 부분이 많이 언급된 것을 몇 편 골랐다. 이는 당시 시대상과 철원의 발전상을 간접적으로나마 파악해보려는 견지에서 문학적인 측면보다는 기록적인 측면을 고려하였다. 소개된 글에서는 서울에서부터의 준비 과정과 여행자들의 들뜬 마음, 경원선과 금강산선 선로 변의 풍경 그리고 내금강역에 도착해 금강산을 처음 보았을 때 느껴지는 경외감 등이 주로 표현되어 있다. 당시에 직접 경험하며 쓴 기행 수필이기에 철원역 광경과 금강산전기철도 내부 모습이 그대로 잘 묘사되어 있다.

1935년 8월 20일 현진건玄鎭健
1일 반半의 금강산金剛山

궁예의 옛 도성 철원에서 경원선을 버리고 허둥허둥 금강산전철을 바꾸어 타니 오전 9시 5분. 전기철도라 전기로 운전하는 것은 알았지만 차의 체재體裁와 시설은 기차와 대동소이한 줄만 여겼더니 상상과는 아주 딴판이다. 기차와는 대상부동大相不同[14]이요, 쉽게 말하면 그저 전차電車다. 매여 달린 손걸이라든지 양가에 붙박이로 쭉 삐친 좌석이라든지 우리가 서울서 행용 타고 다니는 "전차"를 그대로 본떠왔다 하여도 과언이 아니리라. 서울 전차와 조금 다른 점이 있다면 소규모나마 화물차를 단 것과 담배를 자유로이 피울 수 있는 것뿐이다.

---

14 조금도 비슷하지 않고 서로 아주 다름

승객들도 풀 다님에 "유까다"[15]에 퍼더버리고 제법 여행을 한다는 기분을 가진 이는 찾으랴 찾을 수 없다. 이것을 4~5시간이나 눌러 타고 금강산에 들어간다는 것이 도리어 우스꽝스럽기도 하였다. 나도 차차 엄숙하고 긴장한 마음이 풀어지고 소풍 차로 청량사清涼寺에나 절밥을 사 먹으러 가는 듯하다. 그래도 정차하는 대로 버젓하게 정거장이 있고 뚜렷한 역명이 붙고 차장이 호각을 불고 역장이 손을 들고 제법 어마어마한 의식을 밟는다. 이렇듯이 어마어마한 의식을 찾았건만 제일 질색은 어느 역에 닿아도 변도 한 곽 차 한 잔 파는 이의 그림자를 볼 수 없는 일이다.

　　새벽 4시에 집을 나왔으니 물 한 모금 마시지 않았고 철원역에서는 엉둥덩둥 하노라고 먹을 것 살 생각도 없었고 낮은 벌써 반나절이 겨웠건만 요기할 방도가 나서지 않는다. 애꿎은 담배만 곰부임부 연달아 태우매 머리만 힝힝 내어 둘리고 배속은 매우 불만한 듯이 중얼거린다. "금강산도 식후경이라던데."하고 나는 속으로 고소苦笑하였다. 그래도 명랑하고 상쾌한 맛이란 기차여행으로는 상상도 못

15　여름철에 입는 무명 홑옷

하리라. 매연이 없으니 차창은 훨씬 열대로 열 수 있었고 신선한 공기는 물같이 흘렀다. 그리고 참으로 좋을 때는 굴을 지날 때다. 기차처럼 당황하게 창을 겹겹이 내리울 필요도 없으매 가지런한 굴의 석벽이 환하게 내다보이고 동굴에만 있는 일진 청풍이 선득선득하게 옷소매를 엄습한다.

더구나 차 한복판에 버티고 서서 멀리 차 나가는 지점을 바라보는 것은 한 기경奇景이다. 처음에는 어두침침한 저 멀리 이상스럽게 번쩍이는 돈짝만한 무엇이 보인다. 차의 진행을 따라 그 동근 광명체는 보고 있는 사이에 무럭무럭 자라나며 구을고 휘둘고 설레를 치고 대질은 듯이 보는 이를 향해 줄달음질친다. 완연한 해나 달이 지평선을 물고 떠오르는 듯 불시에 그 윤무輪舞가 훨씬 큰 테두리를 이룰 겨를도 없이 차는 어느덧 명암의 경계선을 슬쩍 넘어 빽 소리를 지르고 쨍쨍한 광명세계로 나타난다. 굴을 벗어난 것이다!

별안간 차 안에는 심상치 않은 공기가 떠돈다. 이때 것 앞으로 앞으로 닫든 차는 문득 뒷걸음질을 친다. 차창에 대질은 단애는 험준해지고 궤도의 경사도 훨씬 급해졌다. 석벽을 쪼개낸 자체가 아직도 새롭다. 차는 위태위태한 석

경원선과 금강산전철 분기점 철원역

경석經으로 까불까불 춤을 추며 들어서는데 발아래 깎아지
른 듯한 절벽 밑으로 왕양汪漾한 녹수綠水가 굽이친다. 여기
가 단발령斷髮嶺! 우리는 벌써 금강산 경내에 들어선 모양
이다. 내금강역에 내리니 오후 1시 13분.

기행紀行 산해금강山海金剛 순례기巡禮記

금강산金剛山! 새벽 4시! 새벽 4시에 일어나야 금강산을 보게 된다는 일정이다. 아침잠이라면 옆에서 난리를 쳐도 모르는 사람에게는 좀 어려운 제안이다. 그러나 여러 사람이 모인 자리에서 "금강산! 참말 천하의 절승絶勝이요, 세계의 명승이지! 만폭동萬瀑洞 좀 기이하며 구룡연九龍淵 좀 웅장하든가!!"하며 나를 쳐다볼 때는 "글쎄! 그런가보데?!"하고 얼굴이 빨개지며 슬그머니 뒤로 물러선 적이 한두 번이 아닌 나로서는 4시는 그만두고 2시라도 이를 악물고 다녀와야 속이 풀릴 지경이다. 남이 아니 본 것이나 보려는 것처럼 온 집안에 법석을 일으켜가며 4시에 일어나 밤의 규방閨房을 엿보는 이 줄어져가는 새벽달 졸림에 부닥쳐 하는 별의 인도를 받아 역두驛頭에 이르니 일행 150명이 거의 다 모였다. 아스팔트 위를 굴러오는 시끄러운 소음을 만장萬丈의 연운煙雲 속에 파묻어 버리고 열차에 몸을 실으니 아침 햇발이 빨갛게 떠오르며 세례를 시작한다. 멀리 보이는 이수중분二水中分의 강물 위에 떠 오르는 아침 안개! 백로의 날개 춤인가 내다보니 귀밑을 스치는 아침 바람 시원도 하였다. 철원鐵原의 넓은 벌에서 몸을 바꾸어 싣고 김화金化를 지나니 달라지는 물색物色과 높아지는 산세는 장차 무슨 별다른 절경이나 전개될 듯한 예감을 준다. 어느덧 달리는 전차가 준령험로峻嶺險路에 올라서 다리를 멈추고 한숨을 내쉬더니 영기창일靈氣漲溢[16]한 터널로 가만가만히 끌어올리며 "넘노니 단발령斷髮令 험험타 마소 보고지든 금강산 이 너머 일세"한다. 수궁水宮을 지나는지 운문雲門에 오르는지 발바닥에서 머리끝까지 상신爽神[17]한 기운만 늠름한 채로 오로라의 윤광輪光이 번쩍이는 터널을 넘어 내금강역에 몸을 푸니 오후 1시 13분이었다.

선발대의 안내받아 우거진 송림松林을 제치고 구부러드니 산 찾아들어 무엇보다도 속 시원한 감격의 대상은 도도滔滔한 물소리! 오늘에도 틀림없다. 유일문唯一門 지나 만천교萬川橋 건너서 금강대찰金剛大刹의 장안사長安寺란다. 1,500년 전의 건물이라 함에 고벽古碧한 빛이 다시 떠오른다. 머리를 들어 석가釋迦 관음觀音 지장地藏의 수려한 연봉連峯을 바라보며 물

---

16 신령스러운 기운이 불어나 넘치다
17 마음이 맑고 즐거움, 황홀하여 멍한 모양

금강산전기철도 100년의 기억

금강산 만폭동 전경(황종현 제공)

금강산 장안사 전경(황종현 제공)

줄을 찾아 오르니 옹도라진 곳에 파랗게 질린 명연담鳴淵潭은 아직도 금동거사金同居士를 슬퍼하는 듯 처량하더니 우는 물소리 들릴락 말락 자자지는 곳에 석각입상石刻立像의 삼불암三佛岩이 나타난다. 이 절승絶勝의 영지靈地에 질투嫉妬와 시의猜疑[18]라니 어느 틈으로 스며들었는고! 승기자勝己者라면 못내 싫어하는 금동거사金同居士! 나옹조사懶翁祖師에게 석불 조각의 기술적 도전을 하다가 마침내 그 조사의 정치精緻한 예술적 수법에 모든 것을 양보하고 명연담鳴淵潭에 최후를 마쳤다 하니 이 나라 이 땅에 물 있고 사람 있는 동안 명연담의 그 물소리는 그 조사의 위대한 예술을 노래하는 서곡序曲이리라. 수천 장丈의 현애삭벽懸崖削壁을 내려지른 청학봉靑鶴峯 밑으로 표훈사表訓寺를 지나 땀줄기 등골에 비 맺도록 오르니 정양사正陽寺라고 한다. 육각형의 약사전藥師殿 신라 고탑 등을 싸고도는 고아숭엄古雅崇嚴한 기운에 몸을 식히매 헐성루歇惺樓에 오르니 내금강內金剛 전폭全幅의 웅장한 기봉괴령奇峯怪嶺이 황혼黃昏의 석조夕照에 수단 포장을 두르고 한눈에 들어온다. 그대로 발을 돌이켜 장안사의 촌락에 내려와 몸을 쉬었다.

18　다른 사람을 시기하고 의심함

1937년 10월 31일 신남철申南澈
금강기행 (1) 조양朝陽은 차창에 비끼고

가을 새벽의 습한 공기를 뚫고 기차는 한껏 내닫는다. 어지간한 정거장은 간신히 체면 유지만 시켜주느라고 정차도 하는 둥 마는 둥 그저 새벽의 정적을 깨 두드리며 마음껏 한껏 내닫는다. 비록 구간 열차이기는 하나 내 무엇이 남만 못하랴 하는 듯이 내뽑는 기적소리에 밝아오는 동천東天을 향하고 재재기든 참새 떼는 놀라 초절을 하겠다는 듯 가을걷이에 바쁜 들판을 날아 저쪽 개뚝가 지붕으로 몰려간다.

차창을 열고 전원의 새벽공기를 오래간만에 배불리 마셔보자고 머리를 내밀고 있을 때에 거리낌 없이 가로세로 나는 이 참새 떼의 신세가 무언지 모르게 부러워도 보인다. 먹이가 많다고 동무를 부르는 것도 아닐 것이요 가을의 맑고 높은 하늘이 좋다고 재재김도 아닐 것이다. 그러나 꼭두새벽부터 다사多事하다. 자유롭고 무심도 하다. 고추 너른 지붕으로 물방앗간 지붕으로 또 다 시들은 박 넝쿨이 엉켜 있는 지붕으로 단숨에 날아가고 날아온다. 맥진驀進하는 기차가 한 모퉁이를 지나 어떤 포실하고 오붓한 듯한 네댓 집 담의 뒤 언덕을 달릴 때에도 참새 떼는 재재기며 나르며 하

일제강점기 철원역 풍경(황종현 제공)

고 있다. 어디서나 보는 그 많은 참새 떼 그것들은 그저 다사하고 자유롭고 무심하다. 둔덕에 베어 말리는 벼 이삭을 쪼아 먹다가 부련듯이 무슨 생각이 났는지 논바닥으로 내려앉아 이 그루에서 저 그루로 종종걸음을 치다가는 다시 언덕으로 올라 쪼기를 시작한다. 참새의 이런 광경이 하나가 아니요 열이 아니요 백으로 천으로 널리어 있다.

그러나 참새들의 다사하고 자유롭고 무심한 그 짓은 언제나 방해를 받고 있는 것이다. 그저도 우여우여 새 쫓는 소리가 들판을 내울리는 듯 벼 지러 나오는 일꾼들이 작대기를 들자마자 쫓기어 가면서도 금세 잊고 다시 되돌아와서 이삭을 쪼고 있는 단순 무심한 망각 참새들에게야 회상이라는 것이 있을 리 없다. 회상을 가지지 않는다는 것은 행복한 일이다. 지난날의 감고甘苦와 미추美醜를 반추하며 당래할 내 신상을 반조反照시키는 것이 이 악착齷齪한 누리에 있어서 얼마나 무서운 일이랴. 정밀과 순수의 침정沈靜[19]한 마음으로 그저 금방 당한 일을 망각의 심연深淵 속으로 집어 던지고 싶다. 한갓 무반성한 자신을 가지고 먹고 싶

19 마음이 가라앉고 조용함

은 신선한 배알을 쪼고 있는 참새들의 기반羈絆[20]없는 단순한 모양이 마음에 들었다. 나도 그렇게 다만 한순간이라도 살 수 있다면 행복일 것이다. 그러나 그러한 행복은 바라도 얻지 못할 피안彼岸[21]의 별이다. 그러한 것을 의식적으로 바라기 때문에 더욱더욱 회상에 감기어 반추反芻의 쓴 물을 참아 삼키는 것이리니 오래간만에 죽장망혜竹杖芒鞋[22]로 요산요수樂山樂水를 찾아가는 몸은 인자仁者도 아니건만 사랑과 용서에 잠기고 지자智者도 아닐 텐데 활연豁然한 평정平靜[아타락시애]에 마음이 가득하여 새벽의 창외窓外 경물景物이 그렁성 새롭고 반갑다.

차는 달린다. 의정부·덕정·동두천의 들판을 문명文明에 고역苦役하는 우리의 기차는 내닫는다. 왼쪽으로 도봉道峯의 연봉連峰과 바른쪽으로 수락水落의 자산赭山을 감돌며 요설饒舌과 환희歡喜에 차 있는 우리의 찻간을 끌고 우적우적 북으로 달린다. 한쪽 구퉁이에 묵묵히 앉아 밖을 내다보

---

20 굴레. 또는 굴레를 씌우는 일

21 이승의 번뇌를 해탈하여 열반의 세계에 도달하는 일. 또는 그 경지

22 대지팡이와 짚신의 뜻으로, 먼 길을 떠날 때의 아주 간편한 차림새를 이르는 말.

고 있는 나에게 누구인지 말을 건네는 이가 있으나 나는 못 들은 체하고 오래간만에 상床 받는 이 가을 자연의 진수성찬을 한껏 마음껏 향락하려 하였다. 다변多辯도 좋고 탄성도 좋다. 그러나 나는 오늘부터의 내 나그네 살이가 안 해도 좋은 응대에 흐트러지기를 원치 않았다. 익애溺愛[23]하는 벗과 같이 길을 떠났다 하더라도 나는 응당 부득이한 사무적인 이야기 이외에는 하지 않으리라. 차창에 턱을 고이고 환전幻轉하는 경물景物을 보며 싫기는 싫으면서도 사상四想에 잠기고 반추에 겨를 없으리라. 어찌할 수 없는 나의 사상思想하는 성벽性癖의 소치所致다. 아무도 방해하지 않고 또 아무에게도 방해를 받지 않으며 고요히 생각하고 중얼거리고 싶다는 것이 나의 원망願望이다. 그러나 이번의 나의 길은 혼자가 아니요 여럿이며 또 단순한 유산이 아니라 수학여행단의 인솔자의 한사람으로서 가는 길이다. 혼자서 순수한 관觀의 세계에 고고孤高할 수도 없으며 무슨 새로운 해석을 쥐어짜낼 한가閑暇[스콜래]도 없는 길이다. 그러나 나는 부동의 거대한 산의 용적容積에 혼자서 지지눌려보고 싶

23　흠뻑 빠져 지나치게 귀여워함.

었다. 첨봉尖峰 삭벽削壁의 정상을 휘날려 일만 이천의 무명
无明을 조파照破하는 영묘靈妙한 열락悅樂을 누리고 싶었다.
비록 두 번째 길이기는 하나 철나고 물정物情 알아 제법 볼
줄 아는 눈을 가지고 보아보자는 간절한 의욕이 움직임을
금할 수 없었든 것이다. 많은 사람이 일시에 들썩하고 모든
채비가 자유롭지 못한 이번 길이나 마음껏 산을 즐기는 복
을 가져보자고 하였다.

이것이 내가 달리는 차 중에서 문득문득 키이는 기원이
었다. 남들이 평범한 감탄을 연발하더라도 나는 그것에 얼
리지 않고 나의 관觀의 세계를 파 헤집어보고 싶었다. 그리
하여 벽계영홍碧溪映紅과 만학천봉萬壑千峰을 가엾은 내 마음
의 꿈으로 어루만져보고자 하며 지금이 기꺼운 나그네 길
을 떠나간다. 햇말은 어느덧 전곡全谷 벌의 명랑한 기류를
뚫고 흐르고 있다. 다시없이 반가운 날이다. 나는 나의 하
찮으나 애틋한 원망이 충족되어가는 듯하여 무언지 모르
게 마음이 즐거웠으나 또 한편으로는 고양이 설레기도 하
였다. 그것은 저 때 묻고 찌들은 도시의 많은 눈들을 떠나
불과 1주일일 망정 낮에는 참새같이 자유롭게 회상을 물리
치고 좋은 산경山景을 누릴 것이며 밤에는 개와 같이 피곤하

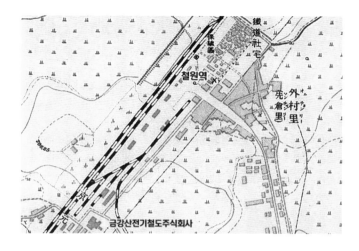

일제강점기 철원역 지도(황종현 제공)

금강산전기철도 철원역(ⓒ철도박물관)

여 신과 같이 잘 수 있는 것[하이네할츠 기행]이 행복감을 넘어지나 가슴을 어이는 듯한 때문이었다. 참으로 나그네의 마음에는 성자聖者가 잠잔다. 그저 홀가분하게 역로驛路의 산야山野를 실컷 즐기며 많은 마을을 지날 때에 어찌 사유私有에 눈 붉어 날인을 요구하는 마음을 가질 겨를이 있으랴. 안계眼界의 모든 것이 다 내 것이니 나의 행로를 막을 리理 없다. 어찌 그 순수하고 정온靜穩한 마음의 나라를 흐릴 줄이 있으랴. 차는 어느덧 철원역에 굴러들었다. 너무도 명랑하고 아름다운 날씨다. 지나기는 여러 번 하였으나 처음 내리는 이곳의 풍물이 그저 마음에 든든한 듯 사면을 휘둘러 볼 사이도 없이 내금강행의 전차를 갈아타고 자리를 정하고 나니 10분의 여유는 먹이 차서 발차의 신호가 난다. 인제 오래두고 다시 또 보자고 아끼고 아끼든 금강金剛의 수봉秀峰을 볼 것도 불과 4~5시간 이내의 일이다. 가을의 산을 찾는 여인旅人의 마음에 길이길이 영산靈山의 기쁨을 어서 한껏 누리게 하여 주소서. 나의 제일의 기원은 이것이었다.

> 해맑은 가을하늘 / 구름 없이 드높은데 / 강산도 좋을시고 / 추사(秋思)도 초초(迢迢)로다 / 역려(逆旅)에 취토록 누리리니 / 풍악(楓岳)에서 보과저.

금강산전기철도 100년의 기억

1938년 10월 25일 민촌생民村生
금강金剛 비경祕境행行 단발령斷髮嶺

　10월 4일 오전 5시 5분. 우리들은 오래전부터 두고 벼르던 이번 길을 기어이 떠나고 말았다. 조선의 금강산金剛山은 너무도 유명하다. 그만큼 금강산을 한번 보기 원하는 숙망은 누구나 다 가졌겠지만 나는 역시 금일今日에 이르도록 그 기회를 얻지 못했다가 금번 수삼數三 우인友人의 발론으로 한 몫을 끼게 된 것은 분외分外의 행운이라 할는지. 때마침 중추가절仲秋佳節이다. 금강은 풍악楓岳이 제일 좋다 하고 단풍은 지금이 한창이라는 데는 미상불未嘗不 우리들의 유혹은 더욱 컸었다. 게다가 일행 4인 중에 자동식 카메라를 가지게 된 것은 또한 탐승객의 본새를 유루遺漏[24]이 구비한 것 같았다. 그러나 당초의 예정은 5인이오, 일자도 10월 1일 밤차를 타기로 했었는데 그날은 공교히 비가 왔다. 겸하여 이틀이 연거푸 휴일이기 때문에 그날 경성에서만 단체로 떠나는 것이 17군데라는 대 혼잡. 여간

24　빠져나가거나 새어 나감.

해서는 차를 타기도 붐빌뿐더러 개인은 여관 예약도 할 수 없대서 우리 일행도 할 수 없이 4일로 연기한 것이다. 나는 오래간만에 먼 길을 떠나본다. 더구나 등산복을 차리고 여러 친구와 함께 탐승 여행을 해보기는 이번이 처음이다. 서울에서 10여 년을 살아오면서 여태까지 북한산도 못 가본 주제에 닫다가 금강산이 웬일이냐고 하겠지만 나는 도리어 그러니만큼 도회 생활에 쩌들었던 심신을 대자연과 접촉하고 싶었다. 오랫동안 울적鬱積을 이런 기회에서나 떨고 싶었다.

차 안에는 승객이 별로 없다. 워낙 이른 까닭도 있겠으나 그보다도 복계福溪 행의 이 차는 단거리밖에 안 가는데 원인이 큰 것 같다. 우리 일행 외에도 탐승객의 한패가 올라탄 것을 보고 처음에는 동행인줄 알았는데 차차 수작을 들어보니 그들은 망월望月 천축天竺으로 가는 딴 패였다. 우리들은 이 차를 놓치지 않으려고 전날 밤에 잠을 못 잤다. 그래 합숙을 하기로 했는데 나는 마침 복통이 나서 자택취침을 특히 용허容許하게 되었다. 그 대신 오전 3시 반까지 정형丁兄 댁으로 집합하기를 약속했었는데 나는 환약을 먹고 누었다가 고만 잠이 깜박 들었다. 어느 때나 되었는

금강산전기철도 전차 내부(출처: 금강산전기철도주식회사20년사)

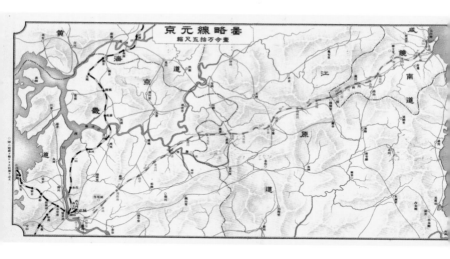

경원선약도(©철도박물관)

지 누가 부르는 소리에 깜짝 놀라 깨보니 벌써 약속한 시
간이 자칫 지났다. 나는 황황慌慌히 옷을 갈아입고 나가보
니 세 형은 일제히 경장輕裝을 차리고 제각기 배낭을 짊어
졌다. 나는 미처 준비도 없었기 때문에 모자도 그대로 중
절모를 쓰고 신발도 그대로 구두를 신었다. 그 위에다 스
프링을 입고 보니 얼치기 등산복장이 되어서 떠나기 전부
터 단장團長이란 별명을 듣고 일동이 마주 웃었다.

수면 부족에 걸린 우리들은 더구나 새벽바람을 쏘여서 얼굴이 핼쑥해졌다. 그러나 설렁탕으로 어한禦寒[25]을 하고 마침 지나가는 자동차를 붙잡아 타니 금시今時에 호기만장 豪氣萬丈 그길로 새벽바람을 박차고 경성京城역으로 달려갔 었다. 날이 밝기까지는 아직도 먼 것 같다. 우리들은 한숨 자려 하였으나 옆에서 떠드는 딴 패 때문에 못 자고 누었 다 앉았다 애꿎은 담배만 피웠다. 차는 용산을 겨우 와서 거의 30분이나 쉬었다 청량리淸凉里를 지날 무렵에야 환하 게 갈아온다. 딴 패의 일행이 의정부에서 내리고 새로 타 는 승객이 갈아든다. 우리들은 그제야 일어나서 창외窓外 로 전망을 시작했다. 어느덧 덕정德亭과 동두천東豆川을 지 나면서 아침 해는 불그스름하게 산봉우리로 올라왔다. 우 리들은 새날의 명랑한 호천기好天氣에 더욱 쾌재快哉를 불렀 다. 마침내 지루하게 기다려지든 철원역鐵原驛에 도착하기 는 오전 8시 10분경 새로운 기분으로 미구未久하여 전철을 승환乘換했다. 나뿐만 아니라 금강산전철을 타보기는 모두 들 처음인 모양같다.

---

25 추위를 막음. 또는 추위에 언 몸을 녹임.

철원鐵原은 궁예弓裔의 도읍터라 하거니와 고도古都의 잔초殘礎는 오히려 와력瓦礫 속에 보이는 듯 어금於今에 역사적 흥망興亡을 물어 무엇 하려마는 창상滄桑의 변이 너무도 무상無常함을 후인後人으로 하여금 새삼스레 느끼게 한다. 이 지방은 벌써 추수를 시작해서 철원평야는 말끔하게 도예稻刈를 하고 모맥牟麥을 간 것이 새파랗게 싹이 났다. 8시 25분 갱발更發 일행은 철원역에서 산 벤또를 전차가 떠나면서 아침으로 먹었다. 전철 연변沿邊의 농가에서는 안침으로 들어갈수록 타작 마당질이 한창이다. 근년에는 농사 개량의 보급이 많이 된듯하여 이런 산간에도 타작마당마다 도급기稻扱器를 사용하는 것이 보인다. 그리고 그전에는 벼를 집안으로 실어다가 두드렸는데 지금은 논 속에서 그대로 타작을 하게 되니 미상불未嘗不[26] 간편하고 곡식 허실虛失이 덜 될 것 같다. 한곳을 당도하니 바로 철도 옆 촌가村家에서 여자들이 디딜방아를 찧고 있다. 시대의 첨단을 걷고 있는 바로 전철 옆에서 원시적 디딜방아가 사용되는 것은 얼마나 신구의 대조가 기이하다 할까? 하긴 그들의

---

26 아니라고 부정할 수 없게

생활에 있어서는 현대의 문화가 아랑곳없겠지만 피차彼此의 간격이 너무나 동떨어진 이 현상에는 일종의 이상한 감이 없지 않았다. 단발령斷髮嶺 1,388미米, m의 긴 수도隧道를 뚫고 나와서 내금강역에 도착하기는 정히 0시 14분경의 한낮이었다.

금강산전기철도 철거와 폐선 그리고 복원

1944년 금강산전기철도 창도~내금강 구간은 전시戰時 선로공출 명령으로 철거되었다. 그러나 철원~창도 구간은 창도의 유화 철광으로 인하여 해방될 때까지는 유지되었다. 남북 분단 이후 금강산선은 전 구간이 북한 통제하에 들어갔다. 1950년 한국전쟁 이후 금강산선 주변으로 군사 분계선이 설치되면서 사실상 폐선된 상태이다. 철원역 주변은 1988년 철의 삼각지 관광 개발 사업의 일환으로 제2 땅굴, 월정리역, 노동당사 등과 함께 정비되었다. 현재는 경원선 복원공사를 진행하다가 다시 중단되어 있다. 2012년 11월 기존 신탄리역에서 백마고지역까지 연장을 시작으로 2015년 남북 분단 70년을 기념해 경원선 백마고지에서 월정리역DMZ까지 복원공사를 시작했다. 경원선은 기존 경원선보다 약간 동쪽으로 선형을 옮겨 복원될 예정인데,

기존 철로가 태봉국 도성 터를 가로지르고 겨울 철새 도래지를 통과하기 때문이다. 경원선 복원을 바라는 주민들의 열기가 한창일 때는 철원역 주변이 잘 정비되어 외부 관광객들도 많이 찾았으나 이후 정부와 지자체의 무관심으로 현재 철원역은 수풀이 무성해 접근하기조차 어렵다. 마치 작금의 남북관계를 반영하는 것 같아 아쉬움이 크다. 경원선이 복원되어 북으로까지 기적을 울리며 운행되는 날은 통일의 그날일 것이다.

일제강점기나 공산 치하 철원에서 금강산전기철도 탑승과 금강산 관광 경험을 구술해주신 분들은 1925~1935년생으로 지금 살아계시면 90~100세가 되고, 2005~2015년에 주로 만나 인터뷰를 했으니 70~80세일 때였다. 그분들의 경험은 대부분 소싯적에 난생처음 탔거나 초등학교 금강산 수학여행 때 타본 것이었다. 전차 내부가 무척이나 깨끗했고 너무 빨라서 옆으로 지나치는 나무가 마치 쓰러지는 것 같았다고 말했다. 사실 평균속도는 시속 30~40㎞였는데 그렇게 느낀 것이다. 어렸을 때 처음 경험한 기차여행이라 무척 들뜬 마음이 읽힌다. 어떤 어르신은 처음 가본 금강산, 유일하게 가본 금강산을 잊지 못하겠다

잡목과 잡풀이 무성한 현재 철원역 모습

금강산전기철도 100년의 기억

며 생전에 다시 한번 꼭 가보고 싶다고 말하기도 했다. 아쉽게도 그 뜻을 이루지 못하고 돌아가셨다. 역사적으로 보면 금강산 가던 옛길[금강산전기철도길]은 1,100여 년 전 궁예가 삼한 통일을 외치며 정복에 나섰던 대장정 길이기도 하다. 지금은 휴전선에 가로막혀 갈 수 없는 길이고 일부 구간은 임남댐 건설로 수몰되어 있다. 전쟁과 분단으로 막힌 길을 평화와 통일로 다시 뚫어내야 하는데 현실은 요원하다.

철원역은 민통선 안에 위치하고 현재는 철로 일부와 표식만이 폐허로 남아있다. 철원역사문화공원과 함께 관광 코스로 운영 중이나 자유로운 접근이나 관찰은 어렵다. 금강산전기철도는 일부가 민통선 안에 위치해 접근이 어렵고, 금곡역 구간은 DMZ 안에 있어 아예 접근이 불가하다. 금강산전기철도는 일제강점기 노선도와 구글어스를 겹쳐서 살펴보면 선형의 형태를 확인할 수 있고 노선의 재구성이 가능하다. 남아있는 교량과 하부구조물 잔해를 중심으로 추적하면 농로, 둑, 전신주의 배열을 따라 철도 노선 흔적을 확인할 수 있다. 금강산 가던 철도는 현재 농로로 사용되고 있는 구간이 가장 많다. 일부는 현재 도로[금강산로]와 겹치기도 한다. 민통선 이남 구간은 대부분 농로나 도

6·25전쟁 때 폭격으로 부서진 철원역(철원역사문화연구소 제공)

동송읍 양지리 일대 금강산철길

로로 그 흔적을 유지하고 있으며 일부 구간은 사유지로 변용되기도 했다. 둑방 형태로 지형이 남아있어 노선을 확인할 수 있고 조금만 정비한다면 금강산 철길 따라 걷기 프로그램 진행도 가능하다.

금강산과 금강산전기철도는 남북한이 통일로 가는 길목에서 서로 역사·문화적 공감대를 형성하고, 통일 의지를 실현할 수 있는 공간이다. 경원선의 중심이자 금강산전기철도 출발지였던 철원역은 단절된 역사를 연결하는 상징장소이다. 철원역과 금강산전기철도는 한반도 분단을 상징하는 문화유산으로 인식하고, 그 유산적인 가치를 미래세대에게 전달해야 하며, 통일을 여는 매개체로써 금강산전기철도 복원사업을 추진해야 한다. 전체 복원이 어렵다면 당장 일부 구간만이라도 정비해 분단 현실을 직시하고 통일을 앞당기는 현장으로 활용해야 한다. 2024년 10월 24일 강원일보 창간 기념 강원도민 여론조사에서 4명 중 1명만이 남북 통일을 바란다는 결과가 나왔다고 한다. 반드시 통일해야 한다 26.6%, 현재의 분단 체제를 유지해야 한다 25.4%였다. 이런 상황에서 접경지역 주민들과 그곳에서 활동하는 전문가들의 지혜와 역량이 그 어느 때보다 필요한 시점이다.

철원 DMZ 평화통일 탐방 금강산철길 걷기

III

금강산전기철도
추억과 흔적

지금은 대부분 고인故人이 되신 90대 철원의 어르신들은 일제강점기인 1940~45년경 유년기나 청소년기를 보냈기에 철도[기차]와 관련된 기억이 대부분 학창 시절 추억과 오버랩 된다. 철원 동부지역과 김화지역 학생들은 금강산전기철도를 타고 통학을 했는데 사요역에서 내리면 상급 학년의 구령에 맞춰 열 지어 학교까지 걸어갔다고 한다. 당시 철원공립보통학교 수학여행은 주로 당일치기로 금강산에 다녀왔기에 이에 대한 추억도 많이 얘기한다. 그리고 이와 곁들여 지금은 갈 수 없는 북한 금강산에 대한 그리움과 통일에 대한 염원도 내비친다. 철원읍내에 장이 서는 날이면 수많은 사람들과 각종 농산물이 금강산전기철도를 통해 드나들었다. 당시 열차는 철원주민들의 일상생활에 꼭 필요한 존재였다. 8·15해방과 동시에 남북이 분단되고 남북을 잇던 경원선도 끊겼다. 공산 치하에서 어느덧 어르신들은 인민군에 입대해야 할 적령기에 도달했고, 전쟁 분위기가 고조되면서는 나만 개죽음당할 수 없다고 생각해 대부분 산속에 굴을 파고 피신하거나 각자의 은신처에 몸을 숨겼다. 6·25전쟁이 임박해서는 최전방 전선인 철원에 인민군과 탱크, 야포 등이 수없이 많이 집결했다가

1940년 금강산 구룡연 수학여행(철원읍 화지리 김상봉 님 제공)

금강산전기철도 100년의 기억

어느 일순간에 모두 사라지는 광경을 목격했다. 전쟁물자 대부분은 열차를 통해 운반되었고 철원역에는 산더미 같이 쌓였다고 한다. 전쟁은 끝났지만 철원역은 민통선 안에 갇혀 더이상 열차도 갈 수 없고 사람도 갈 수 없는 곳이 되어버렸다.

금강산으로 수학여행 갔던 추억

철원군 철원읍 관전리 출신
『**철원사람 장흥기의 옛이야기**』 회고록 발췌

장흥기 님

일제강점기 초등학교 시절에는 통상 두 번 수학여행이 있었다. 수학여행지는 주로 5학년 때는 금강산[내금강], 6학년 때는 서울이나 인천이었는데, 우리는 무슨 이유인지 5~6학년 때 모두 금강산을 다녀왔다. 6학년 졸업반이었던 1944년 초가을, 나는 두 번째 금강산 여행을 떠났다. 창도역에서부터 내금강역까지 약 50㎞의 철로가 철거되기 직전이었다. 우리들은 새벽 2시 철원역사에 모여 인원 점검을 받은 후 금강산 정기 여객열차 편으로 출발했다. 차창 밖은 온통 검은 세상뿐 아무것도 보이지 않는 시간이다. 계속 떠들던 친구들이 하나둘씩 잠들기 시작한다. 궤도를 달리는 바퀴 소리와 가끔 들리는 기적소리를 자장가 삼아 깜박 잠에 취해 있으면 어느새 아침 동이 트기 시작한다. 종착역에 가까운 화계역을 지나 단발령까지 열차가 해발

1,000m의 험한 산 중턱을 지그재그로 올라 산정에 이르면 지나온 철도가 까마득히 보여 장관을 이룬다. 일부 아이들의 함성에 모두들 잠에서 깨어 감탄의 고성을 지른다. 곧이어 단발령 터널을 빠져나가면 금강산의 절경이 눈 앞에 펼쳐진다. 얼마 안 가 종착역인 내금강역에 아침 7시쯤 도착한다. 장장 4시간을 달려온 것이다.

내금강역은 우리가 흔히 보던 역사驛舍와 사뭇 달랐다. 깊은 산중에 한식으로 지은 커다란 건물이 마치 아름다운 사원 같아 이색적이다. 게다가 역사 안에는 우리 집에서 판매한 것으로 보이는 커다란 괘종시계가 걸려있어 벅찬 감정을 주체할 수 없었다. 그 괘종시계는 매표구 벽 상단에 걸려있었는데, 직경 1m 정도는 족히 돼 보이는 둥근 모양이었다. 시계 자판 내부에 '원시당元時堂 시계점' 마크가 부착돼있어 누구나 우리 집에서 팔려 간 물건임을 알아봤다. 선생님께서 먼저 알아보시고 "홍기야! 너네 집 시계가 여기에도 있구나" 하셨고 아이들은 하나같이 함성을 질렀다. 아버지의 손길이 닿은 시계를 바라보고 있자니 아버지의 인자하고 화사하게 웃는 얼굴이 보이는 듯했다. "자랑스러운 아버지!"

금강산 내금강역 전경(출처: 금강산전기철도주식회사20년사)

　서둘러 역을 나와 맑은 물이 흐르는 개울을 지나는데 통나무로 만든 외나무다리 위를 조심조심 건넌다. 장안사, 유점사, 표훈사에 들러 잠깐씩 쉬었다가 한낮에 비로봉 [1,638m] 정상에 오르면 사방에 보이는 모든 것들이 내 발 아래 놓여 우리들이 지상에서 가장 높은 곳에 있다고 소리 쳤다. 이곳에서 내려다보는 동해바다는 한 폭의 그림 같다. 지금 생각하면 가까이 보이는 것이 아마도 고성 앞바다였으리라. 산 정상을 향해 가는 길에 계곡을 만나면 난

간 줄도 없는 외나무다리를 건너야 했는데, 다리 아래로 흐르는 거센 물살을 내려다보고 있노라면 무시무시하기도 했다. 더러는 무섭다며 건너기를 포기하는 사람도 있었다. 5학년 때는 못 올랐던 비로봉 정상에 드디어 도착했다. 정상에는 꿀물을 파는 아저씨 한 분만 있다. 얼마짜린지는 기억에 없으나 비싸다는 느낌으로 한 잔 사마신 그 맛은 지금도 잊히질 않는다. 꿀물 파는 아저씨는 우리들을 향해 "오늘 날이 맑아 먼 산도 보이고 동해바다도 볼 수 있다." 며 운이 좋은 학생들이라고 했다.

하산길에 만난 어느 산사 옆, 병풍 같은 바위산에 붓으로 써놓은 듯한 달필의 초서체 한자가 길게 새겨져 있었다. 우리는 한자 뜻도 모르면서 "야! 잘 썼다."라고 감탄했다. 바위에 새겨진 글자 획의 폭이 내가 들어가면 묻힐 정도로 깊었다. 금강산 관광을 마치고 전차에 오르기 전 기념품 상점에 들렀다. 나는 아버지 선물로 자연목으로 만든 지팡이를 사들고는 기뻐하실 아버지를 떠올렸다. 귀갓길 전차에 올라 한참을 떠들다가 피곤했는지 깊은 잠에 빠져들었다. 4시간을 달려왔건만 잠에서 깨어보니 너무 빨리 돌아온 것 같아 도리어 아쉬움을 느꼈다. 집에 도착하자마자 아버지에게 선물을 건넸다. 지팡이를 받으신 아버지는 "고맙구나! 아버지가 빨리 늙어서 이 지팡이를 짚고 다니라고 사 왔구나?" 하시면서 웃으셨다. 아차 실수, 생전 처음 아버지께 드린 선물인데 이 꼴이 돼 버리고 말았다. 미안해하는 나의 표정을 보시고 아버지는 "괜찮다 우스갯소리다." 하시며 내 머리를 쓰다듬어 주셨다.

철원군 동송읍 이길리 출신
故 김영배(金瑛培, 1928년생) 님 구술

김영배님

금강산 전기철도는 화차, 객차를 포함해서 7~8칸, 많게는 10칸까지 달고 다녔으며 하루에 8번 운행했다. 일제강점기에 창도에서 유화철이 많이 나와 그 수송을 위해 1925년까지는 그냥 기차같이 운행했고, 1931년 금강산 발전소가 준공되고 증가하는 금강산 관광객 수송을 위해 단발령을 지그재그[스위치 백]로 올라가고, 내금강까지 운행하는 전기철도를 부설하여 확대 개편하였다. 6학년 때 수학여행을 갔는데 단발령이 워낙 험하고 높아 창도에 도착하면 화차를 모두 떼고 객차만으로 앞뒤에 전차를 달고 단발령을 좌우로 지그재그로 넘어 금강산으로 향한다. 지그재그로 올라갈 때는 속도가 느려 사람이 뛰어내리고 다시 올라탈 정도였고 시간도 많이 걸렸다. 수학여행 갈 때는 대부분 철원에서 첫차를 타고 3~4시간가량 타고 가서 12시쯤 장안사에 도착해 점심을 해결하고, 장안사와 폭포 절경 등을 둘러보고 비로봉까지 올라가며 장안사 여관에서 하루 쉬고 다음 날 이외 지역을 둘러보고 오는 것이 보통의 일정이다.

철원군 동송읍 양지리 출신
故 김규항(金圭恒, 1925년생) 님 구술

초등학교 때 금강산에 수학여행을 갔었는데 철원역에서 새벽 2시에 타면 아침이 훤히 밝아올 무렵 내금강역에 도착했다. 기차에서 내려 장안사까지 1㎞ 정도를 걸어가서 아침 식사를 하고 사천항으로 해서 보덕굴과 비로봉까지 갔었고 외금강에는 가지 못했다. 어린아이들이라고는 하지만 15살 정도의 고학년들이니까 새벽 2~3시에 출발하는 것은 그리 문제가 되지 않았다. 한 학년이 5개 반이고 한 반에 80명씩이었으니까 한 번에 400명이 당일치기로 수학여행을 다녀온 것이다.

철원공립보통학교로 통학했던 추억

철원군 동송읍 이길리 출신
故 김영배(金瑛培, 1928년생) 님 구술

금강산전기철도는 총 28개 역이 있었는데 철원역을 시발역으로 하여 사요리[간이역], 동철원[월하리], 동송[간], 양지리[200호], 이길리[간], 정연리, 유곡리[간], 금곡리[간], 김화 등이고, 역무원 있는 정식역이 14개, 중간에 간이역도 14개 있었다. 그리고 역과 역 사이는 대부분 대략 3~4㎞ 떨어져 있었는데 이는 예로부터 내려오는 자연부락 형성 간격과 일치하기도 한다. 또한 기차에는 차장이 탑승해 승차권을 발매했고 철원에 정기 통학하는 학생들은 패스를 발급받아서 이용했다. 정연역에서 출발하며 기적소리를 내면 그 소리를 듣고 집에서 뛰쳐나와 이길리역에서 가까스로 타곤 했고 철원역까지 30분 정도 소요됐다.

금강산전철 양지리 부근(황종현 제공)

일제강점기 철원공립보통학교 전경(철원역사문화연구소 제공)

철원군 동송읍 양지리 출신
故 김규항(金圭恒, 1925년생) 님 구술

일제강점기 철원공립보통학교 다닐 때 양지리에서 전철을 타면 대위리와 월하리를 거쳐 사요리역에서 내려 걸어갔다. 전차를 타면 20분 정도 걸렸고, 전차를 놓치면 걸어가야 했는데 늦어서 첫 시간 1교시 수업은 못 했다. 4학년 때까지는 양지리역이 임시역이어서 조그만 건물 하나만 있었을 뿐 역무원이 없었다. 1달 전차비가 50전이었는데 학생들은 검사를 잘 안 해 거의 공짜로 타고 다녔다. 양지리역과 사요리역이 모두 임시역이라 가능했다. 다만 월하리역[동철원역]은 정식역이라 공짜로 탈 수가 없었다. 5학년이 될 무렵 양지리역이 정식역으로 되어 역장과 역무원이 근무하면서 공짜로 타고 다니는 것은 끝났다. 집에서 차비는 탔지만 그 돈으로는 빵과 호떡을 사 먹고 잡비로 썼다. 차비가 없으니 하는 수 없이 하갈리로 해서 철원읍까지 5~6㎞를 걸어 다녔다. 양지리 동네 친구 중에 포항제철 회장을 역임한 황경로 친구가 있어 죽이 맞아 늘 같이 붙어 다녔다. 당시 경로는 아버지가 어운면 면장이었고 나는 농사꾼 아들이었다. 철원읍 시가지에 극장이 있었으

나 학교에서 선정하는 단체 관람이 아닌 무단출입을 하다
가 적발되면 퇴학 조치를 해 다닐 수 없었다. 당시 단체로
가서 보는 영화는 일본 군국주의를 우상화하는 전쟁영화
가 주를 이뤘다. 일본군이 인도차이나반도의 수마트라[싱
가포르]를 점령했을 때 기념으로 운동화를 1벌씩 받은 적이
있다.

금강산전기철도 100년의 기억

철원과 창도를 자주 왕래했던 추억

김화군 통구면 현리 출신
정명우(1935년생) 님 구술

정명우님

김화군 통구면 현리는 창도면과 임남면
任南面 사이를 흐르는 북한강과 금강산 단
발령斷髮嶺에서 흘러 내려오는 통구천이 만
나는 두물머리이고 삼각분지를 이뤄 농토
가 넓고 아주 비옥했다. 여름에 비가 많이 와도 상류라서
물이 잘 빠져 동네까지 들어차지 않았다. 강에서 수영하
고 물고기 잡는 것이 일상이었다. 동네 아래쪽에 논이 있
었고 조금 올라가서 동네 뒤쪽으로는 밭이 이어진다. 금
강산 인근 산골인데도 농지가 넓다고 할 수 있다. 철원은
원래 넓은 평야 지역이라고 소문난 동네여서 현리는 비교
대상이 되지 않는다.

현리는 강을 따라 옆으로 농지가 펼쳐졌는데 지금은 북
한에 임남댐[금강산댐]이 생기면서 모두 수몰되었다. 통구면
은 창도면과 달리 강을 끼고 있어 외부와 단절되어 있었

다. 현리는 나룻배로 강을 건너 창도 쪽으로 가야만 김화
나 철원 쪽으로 나올 수 있었다. 현리에는 다양한 과일이
생산되었다. 현리에서 전철 타고 금강산까지 70리 거리이
다. 정확히 말하면 금강면金剛面 소재지 말휘리末輝里까지 70
리, 금강산까지 100리다. 일제강점기 말기인 1944년 물자
부족으로 일제가 금강산전기철도 철궤를 걷어내고 철원에
서 창도까지만 운행했다. 창도에는 중석 공장이 있었기 때
문에 철도는 운행했다. 통구에서 철원에 가려면 집에서 창

일제강점기 철원읍 시가지 모습(철원역사문화연구소 제공)

금강산전기철도 100년의 기억

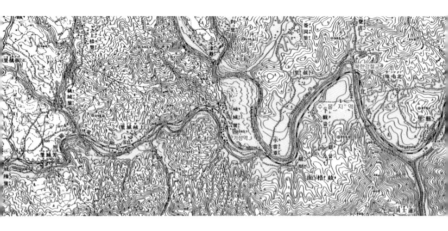

금강산전기철도 창도~현리 간 수몰 지역(황종현 제공)

도까지 30리를 걸어가서 창도역에서 전철을 타고 갔다. 통
구면 현리에서 김화읍까지가 100리이고, 김화에서 철원읍
이 100리이다. 6·25전쟁이 발발한 다음에도 혼자 걸어서
금강산에 갔던 적이 있다.

6·25전쟁 발발 직전 철도 관련 기억

김화군 근북면 율목리 출신
김호선(金浩善, 1932년생) 님 구술

2월 8일이 인민군 창설기념일인데 인
민군 중에서 38보안대가 최초 창설 부대
이다. 내무성 군대 내에 인민군 간부학교
와 평양 만경대학원생들은 골수 공산주의

김호선 님

자로서 장교와 사병을 양성하는 기관이었다. 철원역에 철
도 침목이 잔뜩 쌓여 있었는데 이것은 전쟁이 벌어지면
연천 전곡으로 이어지는 경원선을 연장하기 위한 것이었
다. 철도 침목에는 "함"자가 찍혀 있었는데 이것은 함경도
에서 가져왔다는 것이고 현재 단절되어있는 경원선을 잇
기 위한 준비였다. 그리고 소련으로부터는 군수물자 수송
에 차질이 없게끔 구형 트럭들이 수없이 많이 제공되었으
며 T-30 탱크도 여러 대 지원되었다. 열차를 이용해 소련
제 야포, 탱크, 군용트럭들이 속속 철원역에 도착하였으며
군용물자 수송이 많아져 일반열차 수송이 중단되거나 줄

148   금강산전기철도 100년의 기억

어들었다. 전쟁 직전에는 열차 운행이 자주 끊겨 학교 통학이 힘들었다. 일반 민간인들은 태우지 않았다. 중무장한 인민군들이 잔뜩 타고 있었고 김화에서 내려 화천 중동부 전선으로 이동하는 병력이었다. 전선의 병력이동과 배치는 이미 완벽히 마친 상태였다. 모두 무슨 일이 나는 거 아니냐 하며 의아해했다.

철원군 동송면 관우리 출신
故 이상욱(李相旭, 1932년생) 님 구술

이상욱 님

6 · 25 전쟁 발발 직전에는 금강산전기철도 차량 수가 평소 3~4대에서 10대로 늘어 탱크를 비롯한 군수물자 수송이 갑자기 많아졌다. 전쟁이 발발하고 3일 뒤에 아침 보도, 저녁 보도를 통해 의정부, 서울 등지를 점령했다는 공고문이 게시판에 붙여져 전황을 알게 되었고 낙동강까지 이르렀다는 보도도 들었으나 그 이후부터는 보도문이 나오지 않았다. 유엔군이 인천상륙작전과 서울탈환에 성공하고 인민군이 퇴각하면서는 보도가 중단되었다. 공산 치하에서

인민군에 여러 번 징집되었으나 당시 초대 동송면장을 지 낸 큰아버지의 도움으로 빠질 수 있었고, 전쟁이 치열해지 면서 전사자가 늘어나고 병력이 줄어들자 하는 수 없이 인 민군에 나가게 되었다. 철원에서 차출된 자원들이 평강에 서 집결해 기차를 타고 원산으로 향하는데, 미군 폭격기가 폭격하여 낮에는 굴속에 숨어 있다가 밤에만 운행하여 이 틀 걸려 원산에 도착하였다. 당시 미군 B-29 폭격기 42대의 하루 폭격으로 원산은 완전히 폐허가 되었고, 통제가 허술 한 틈을 타 동료 4명과 대열에서 이탈하여 연변서 신고산까 지 철길을 따라 남쪽 방향으로 걸었다. 천신만고 끝에 집에 도착해 다시 징집될까 두려워 아버지에게 은신처를 부탁하 여 지금의 철원 제2땅굴 근처 친척 집에 머물렀다.

철원군 갈말면 동막리 출신
故 윤석원(尹錫元, 1934년생) 님 구술

윤석원님

공산 치하에서는 양지리에서 사요리까 지 전철 통학을 했는데 6·25 전쟁 발발 직전에 인민군 병력 수송과 탱크, 야포 등

일제강점기 철원읍 사요리 일대 모습(철원역사문화연구소 제공)

의 군수물자 이동으로 학교 가는 전철을 탈 수가 없었다.
일반인들의 기차 탑승은 아예 이전부터 금지되었다. 당
시 집중된 인민군 병력의 전방 배치 및 군수물자 수송 등
은 북한이 남침 준비를 사전에 치밀하게 했음을 알려주는
것이고 그래서 6월 25일 새벽 일괄 남침 공격이 가능했던
거다.

철원군 철원읍 월하리 출신
김송일(金松一, 1931년생) 님 구술

김송일 님

6·25전쟁 발발하기 두 달 전부터 함경도 나남에서 경원선에 실려 온 엄청난 탱크들이 열흘 간격을 두고 새벽에 시내를 가로질러 관인 중리 개울을 건너 38선 방향으로 남하했다. 두 달 동안 계속해서 철원역에 하차해 굉음을 내며 남하했고, 당시 철원에도 인민군 105 탱크부대가 있었다.

38선 접경지역에 탱크 야포 배치 작업을 두 달 동안이나 했음에도 남한 정부에서 이를 몰랐다는 사실은 이해가 되지를 않는다. 그리고 김일성, 최현, 강건, 김책 등 주 멤버들이 운천 산정호수에서 회합해 6·25 전면 남침 작전을 최종 점검하고 전방 지역 상태를 체크했다는 소문이 철원에 퍼졌었다. 북한에서는 남침 정당화를 위해 개성 구월산에 남한 괴뢰정부가 침범해와 격퇴하기 위해 전 인민군이 나섰다고 했다. 6·25에 임박해 전시태세로 들어가며 김일성이 인민군 총사령관에 취임했다. 당시 이북 사람들은 전쟁이 나면 이남이 이길 거라고 예상했다. 6·25 전후하여 장마가 시작되어 이후 비가 많이 내렸다.

철원군 어운면 양지리 출신
故 김규장(金圭章, 1931년생) 님 구술

6 · 25전쟁이 발발하기 한 달 전인 5월 초승부터 대규모 군수물자 수송으로 기차를 못 타게 해 걸어 다니거나 아주 멀리 사는 사람은 철원 읍내에서 하숙을 했을 정도이다. 탱크와 야포, 탄약, 심지어 배까지 싣고 나오는 것을 목격했고 많은 군수물자를 철원역에 내려놓았다.

38선 일대 모습(철원역사문화연구소 제공)

김화군 사람들의 금강산전기철도 기억

김화읍 생창리 출신
故 이을성(1934년생) 님 구술

이을성 님

　일제강점기 김화경찰서가 읍내리에 있
었고 김화군청, 김화읍사무소, 김화세무서,
김화초등학교 등 관공서는 생창리에 있었
는데 나는 김화초등학교 근처에 살았다.
지금 생창리 마을이 있는 곳은 예전에는 생창리 바깥에 있
다고 해 외동外洞이라 불렀다. 금성이나 창도가 김화군에
속해 있어 김화군의 영역이 워낙 넓었다. 조금만 더 크면
시가 된다고까지 했다. 김화초등학교는 한 학년에 5~6개
반이 있었고 한 반에 40~50명이 있었으며 전교생은 1,500
명가량 되었다. 해방될 무렵 용양리에 김화중학교가 생겼
고 생창리 김화초교 옆에 김화여자중학교도 생겼다. 김화
초교 소풍은 학포리 화강 변 소나무 숲이나 근북면 영대
앞, 감봉리 화석공장, 금성 자연사 등으로 갔었고 고학년
은 전철 타고 금강산에도 갔다. 김화에서 금성까지가 100

리[40㎞]이니까 금강산까지 얼마 안 걸렸다. 해방 직전 전철이 곧 끊긴다고 해서 너도나도 가보려고 해서 막바지에 사람들이 무척 붐볐다. 열차와 화차 꼭대기에까지 사람들이 올라타고 가기도 했고 운행 중 떨어져 죽는 사람도 발생했다.

김화읍 생창리 출신
김용하(1933년생) 님 구술

김용하님

김화군 김화읍 중심가는 읍내리, 생창리, 암정리, 용양리가 나란히 이어져 있다. 생창리에 있던 우리 집은 기와집으로 건평이 100평 될 정도로 컸고 은행 사택과 붙어 있었으며 주변에 우에하라 등 일본인들이 많이 살았다. 집에서 가까운 곳에 김화경찰서, 김화군청, 김화교회, 김화병원 등이 있었다. 일제강점기 때 김화에서 서울행 버스는 하루에 한 번 있었다. 김화에서 학포리, 청하리, 지포리, 운천을 거쳐 서울로 가는 것으로 43번 국도를 따라가는 노선이다. 김화역에는 원목들이 산더미처럼 쌓여있었고 근처

광산에서 나오는 무연탄, 철광석, 옥돌[활석] 등도 야적되어 있었다. 일제강점기 때 학생들은 여름에는 마초, 겨울에는 관솔을 해서 내야 했다. 태평양전쟁 말기 해방될 무렵에 일본이 싱가포르를 함락시킨 기념으로 국민학생 모두에게 조그만 테니스공을 선물로 나눠주었다.

태평양전쟁 말기에 일제가 군수물자가 모자라 금강산 철도 철궤鐵軌를 걷어낸다고 해서 걷어내기 전에 금강산에 가보자고 하여 가게 되었다. 우리 집 가족들은 부모님을 비롯해 10명이 모두 갔는데 나는 학교를 무단결석하게 되어 벌을 서기도 했다. 철도가 끊어지면 가고 싶어도 못 가니까 모두 가야 한다고 했다. 내금강에 도착하기 전에 단발령에 이르렀는데 기차가 앞으로 갔다 뒤로 갔다 반복하면서 어느 때는 내가 저 위에 있고 어느 때는 저 아래에 있는 등 그렇게 고개를 넘어갔다. 소위 말하는 스위치백 형식의 철도였다. 내금강역에 내렸는데 역 자체가 단청을 해서 사찰처럼 꾸며져 있었다. 역에서 나오니 오른쪽에 가게가 있고 왼쪽에 해태상이 있고 그 옆으로 샘물이 졸졸 나오고 있었다. 장안사로 향하는데 적송 소나무가 우람하게 서 있었고 바람 소리가 쏴아 하고 났다. 조금 더 가서 김화

都壹之衢市新邑化金

帝國在鄉軍人會金化分會行

일제강점기 김화읍 시가지 모습(철원역사문화연구소 제공)

출신으로 금강산을 안내할 사람이 사는 집에 도착했는데
일주일간 머물렀다. 내금강 지역 전체를 돌아다녔다. 지금
은 기억에서 모두 지워졌으나 현장에 가보면 당시의 상황
이 모두 기억될 것 같다. 기차를 타고 가다 보면 금성 시내
가 기찻길보다 저 아래에 있고, 창도에 가면 광산이 많고
기차가 긴 터널을 통과했다. 창도는 광산이 성행해 각 지
역에서 모여든 사람들이 많았다.

김화읍 생창리 출신
정명순(1941년생) 님 구술

정명순 님

　부모님과 함께 살면서 6·25전쟁 관련
얘기를 워낙 많이 들어서 어렸을 적 기억이
지만 비교적 생생하다. 공산 치하에서 입학
해 김화인민학교 3학년이 되던 해에 6·25
전쟁이 발발했다. 당시 한 학년에 40~50명 되었고 오전반
으로 가기도 하고 오후반으로 가기도 했다. 그때 형님이 철
원사범학교 졸업반이었는데 체육대회가 열리던 날 어머니
와 같이 금강산전철을 타고 김화역에서 철원읍 사요리역
까지 갔다. 철원읍에 몇 번 나갔었으나 시내를 돌아다닌
것이 아니라 사범학교에만 갔다 온 것이니 다른 곳은 어땠
는지 잘 모르겠다. 당시 이북에는 전기가 풍부했고, 금강산
전철은 6·25전쟁이 발발하기 전 전쟁물자를 운송하는 데
무척 중요한 역할을 했다. 김화에서 포천으로 나가는 군수
물자가 김화인민학교 마당에 가득 쌓여있었다. 6·25전쟁
이 발발한 것은 학교에서 알 수 있었다. 당시 학교에 가면
우리나라 지도를 크게 걸어놓고 인민군이 남쪽으로 내려
가는 상황을 화살표로 표시해 알려주고 있었다.

김화읍 암정리 출신
태석배(1935년생) 님 구술

태석배 님

　내가 태어난 곳은 암정리 158번지로 김
화역과 암정교의 중간지점이다. 김화읍
읍내리에는 일본인이 조금 있었고 암정리
에는 별로 없었다. 생창리에 일본인 학생
들이 다니는 김화공립소학교가 있었다. 일본인들 숫자는
얼마 안 되었지만 경찰서장, 교장, 읍장 등 핵심 요직에
있었다. 금강산전철은 타 봤고 주로 철원에 자주 갔다. 형
님들이 서울에서 공부하니까 서울에 가려면 철원에서 경
원선을 갈아타고 가야 했다. 아버님이 서울에 일을 보러
가실 때도 막내아들인 나를 대동하고 손잡고 가셨다. 김
화에서는 전철이라 '웅' 소리를 내며 조용히 갔는데 경원
선은 석탄을 때는 증기기관이라 시커먼 연기를 내뿜고 소
리도 요란했다. 한번은 금강산전철을 타고 창도까지 갔다
가 몸이 아파서 금강산에는 가지 못하고 그냥 돌아온 적
이 있었다.

김화읍 용양리 출신
김준영(1936년생) 님 구술

김준영님

　화천에서 김화로 들어오는 길목 첫 동네
인 용양리는 김화군 중심지에서는 조금 벗
어난 외곽지역이다. 공산 치하에서 용양리
에 김화중학교가 세워졌는데 당시 넓은 학
교 부지확보가 쉬워서 용양리에 세워졌다. 용양리는 암정
교에서부터 마현리 마을로 통하는 입구 군 초소 바로 옆
옛 변전소 자리까지 길을 따라 마을이 형성되었는데 그 규
모가 50~60호가량 되었다. 김화읍의 중심은 암정리라 할
수 있는데 암정교를 건너면 바로 상가 지역이 밀집해 연달
아 있었고 김화역과 철도화물취급소가 초입새에 있었고
그다음 은행과 김화경찰서가 있었다.

　8살에 김화초등학교에 입학했고 10살 2학년 때 8·15
해방을 맞았다. 당시 김화초교는 한 반에 40명 정도였고
한 학년에 2개 반이 있었다. 김화초교 소풍은 학포리 남대
천 소나무 숲과 오성산 중턱 약수터에 갔었고 마현리 천
불산에 있는 절에도 갔었다. 금강산전철을 타고 다니지
는 않았으나 철도가 철거되기 직전인 1943년 8살 때 아버

　　　　　　　　금강산전기철도 100년의 기억

금강산전철 김화역 전경(황종현 제공)

지, 어머니, 고모 등 전 가족이 함께 금강산에 가본 적이 있
다. 마침 넷째 작은아버지가 장전리 전기회사에 다녀서 금
강산 사정을 잘 알고 계셨고 우리 가족 관광을 주선하셨
다. 당시 사람들은 이번에 가보지 못하면 영원히 갈 수 없
을 것이라 하여 마지막으로 금강산이나 한번 가보자는 분
위기가 팽배했고 엄청난 인파가 몰렸다. 하다못해 기차에

매달려 타고 가다가 사람에 밀려 떨어지는 사고까지 발생했다. 김화역에서 오후 2시쯤 출발해 저녁에 금강산에 도착했으니까 3시간 정도 걸린 것 같다. 원체 사람이 많아 운행이 지연되었고 금강산역에 도착하니 그곳에도 사람들이 북적거렸다. 우리는 작은아버지 주선으로 여관에 들어가 잠을 잘 수 있었는데 사정이 여의치 않은 사람들은 그냥 길가에 멍석을 깔고 노숙했다. 그날 밤으로 돌아와야 해서 비로봉은 가보지 못했고 다른 두 곳만 갔다. 공산 치하에서는 금성까지만 운행되었고 금강산에는 갈 수가 없었다.

근남면 사곡리 출신
故 박재연(1924년생) 님 구술

박재연 님

김화군은 한일합방되면서 금성군과 합쳐져 12개 면으로 구성되어 있었고 인구가 김화읍에만 약 2만 명이 있었다. 김화읍 시내에는 김화군청, 김화경찰서, 김화세무서, 김화역, 김화읍사무소, 김화국민학교 등의 공공기관이 있었다. 일제강점기 국민학교 수학여행은 금강산으로 갔는데 금강산전기철도를 타고 오전에 김화에서 출발해 오후에 장안사에 도착했다. 단발령을 넘어갈 때 기차가 오르다 내리다 반복하며 지그재그로 올라가는 것이 무척 신기했고 숙소는 마하연에 잡았다. 1943년 일제는 물자가 모자라 금강산전기철도 철궤를 걷어냈다. 성인이 되어서 금강산 해금강에 갔었는데 평강으로 해서 안변을 거쳐 고성으로 해서 가야 했고 내금강은 금성을 거쳐 창도로 해서 들어갔다. 일제강점기 면서기 할 때 총독부가 초가지붕 대신 호밀짚으로 지붕을 올릴 것을 권장했는데 강원도에서 주관하는 강습이 금강산 온정리에서 열려 참가했었다.

근남면 사곡리 출신
박이섭(1934년생) 님 구술

김화군 근남면 사곡리 847번지에서 태어났고 나중에 마근골로 이사 갔는데 거기에는 11집 정도가 살았다. 우리 집 근처에 큰 잣나무가 한그루 있었고 기와집이 있었는데 그 집이 가장 잘 사는 집이었다. 우리 집은 예수를 믿

박이섭 님

고 어려서 교회에서 성경 관련 동화를 많이 봤다. 일제강점기 금강산 관광은 부자들이나 갈 수 있었지 사곡리 사람들은 거의 가지 못했다. 이모가 금성에 살아 금강산전기철도를 30리 정도 타본 적은 있다. 서울 외갓집에 가려면 김화역에서 금강산전철을 타고 철원역까지 가서 경원선 열차를 갈아타고 가서 청량리에서 내렸다. 내가 아마 우리 동네에서 제일 먼저 서울에 가본 사람일 것이다. 서울에 한번 갔다 오면 친구들이 그곳이 어떤 곳인지 궁금해했고 본대로 얘기해주었다.

근북면 두촌리 출신
故 황선로(1931년생) 님 구술

황선로 님

김화군 근북면 두촌리는 80호가량이 살았고 김화읍 시가지와 25리[10㎞] 정도 떨어져 있었다. 일제강점기에는 15리[6㎞] 떨어진 도창공립국민학교에 다녔다. 당시 일본사람들이 교장을 하고 선생님도 일본사람들이 많았다. 도창학교는 원래 우리 사돈 양반네가 세운 조그만 사립학교

였는데 차츰 커져서 공립학교로 바뀌었다. 국민학교 시절 금강산 전철을 타고 금강산에 2번 갔었는데 한밤중[새벽]에 정연역에서 기차를 타고 출발하면 이른 아침에 내금강에 도착했다. 각지에서 수학여행 온 학생들이 상당히 많아 북적거렸다. 내금강 마당에 도열해 일본을 향해 기미가요를 부르고 구호를 외치고 장안사로 올라갔다. 나이가 어리고 수학여행 일정이 짧아 비로봉에는 올라가지 못했다. 그때 거기에서 기념품으로 5원짜리 목탁과 1원짜리 할아버지 지팡이를 사 왔다.

근동면 하소리 출신
故 정연배(1926년생) 님 구술

정연배님

김화군 근동면은 광삼리, 하소리, 교전리, 아침리, 방통리 등이 있었고 교전리에 면사무소와 학교가 있었다. 나는 교전리에 있는 근동국민학교를 다녔고, 이후 용양리에 있는 김화중학교를 금강산전철을 이용해 통학했다. 하소리 집에서 교전리 학교까지는 15리[3㎞]였고 자전거는 귀했고 오로지 걸어 다녔다. 국민학교 때 일본인 선생님한테 배웠고 소풍은 방통리 산을 넘어서 광삼리로 가거나 아침리로 갔다. 김화지역은 광산이 많았고 담배를 많이 재배했다. 근동면 한가운데로 화강이 흘렀고 교전리는 평야가 넓었고 그다음이 하소리였다. 국민학교 다닐 때 일제가 금강산전철 철궤를 철거한다고 해서 2박 3일 금강산 수학여행을 갔었다. 철도가 곧 없어진다고 해 마을 사람들도 많아 갔다. 학교에서 11시에 출발했고 4시간 정도 걸렸다. 내금강역에 도착하니 금강산 입구에 절[장안세이 쫘악 있었는데 참 잘 지어놓았고 깨끗했다. 금강산 꼭대기 비로봉까지 가려면 2시간 이상 걸리고 하루에 다 볼 수 없었다. 입구에 있는 여관에서 잠을 잤는데 시설이 깔끔하고 참 좋았다.

근동면 하소리 출신
유성헌(1934년생) 님 구술

김화군 근동면 하소리에서 태어났고 우리 마을에는 150호 정도가 살았다. 근동면의 면 소재지는 향정리인데 향정리 · 주자동 · 교전리 등 세 군데 마을이 모여서 형성되었

다. 근동면 하소리가 금강산 가는 전철 길목이라 하소역이
있는데 그곳은 원래 주막거리였다. 하소역에서 생창리 김
화역까지는 두 정거장으로 30리 정도 되는 가까운 거리였
다. 김화중학교에 다닐 때 전철을 많이 이용했지만 걸어서
다니기도 했다. 하소역에서 북쪽으로 500m 정도 올라가면
하소리 마을이 형성되어 있는데 골짜기를 따라 올라가면
서 화강[남대천] 상류 줄기가 이어져 있었는데 사시사철 물
이 마르지 않아 주변에 농토가 발달했다. 금강산 전철 오
른쪽 방향에 벌판이 크게 형성되어 있고 뱀개벌이라 불렀
다. 벼농사도 있었으나 밭농사가 주였다.

승리전망대에서 바라본 근동면 일대

금강산전철이 전쟁물자 부족으로 철도가 철거되고 1944년도에 운행이 중단되었다. 동네에서 전철이 운행 중단되기 전에 금강산에 한번 가봐야 한다고 야단들이었다. 국민학교 3학년 때 즉 1944년도에 철로를 걷기 직전에 금강산에 1박 2일로 다녀왔다. 사람들이 몹시 붐벼 내금강 종착역에 도착했는데 정신이 없었다. 내금강에서는 장안사와 비로봉에 올라갔다 오는 것이 주 코스였다. 비로봉에서 해금강 쪽 삼일포를 내다보는 것이 가장 멋진 장관이었다. 사람들이 많아 인솔자를 따라서 쭉 따라 올라갔다가 내려왔다. 지금으로 말하면 유치원생들 놀이공원 소풍 간 모양으로 줄지어 다녔다. 장안사 옆 여관에서 1박을 했다. 지금은 장안사와 내금강역의 흔적이 없어진 것으로 알고 있다.

창도면 창도리 출신
노인식(1934년생) 님 구술

노인식 님

금강산전기철도 창도역은 2개로써 본역과 금강산 쪽에 동창리역이 있었다. 창

금강산 내금강역 건물(황종현 제공)

도역은 무척 컸고 동창리역은 작았다. 창도에는 철광산
이 많고 일본사람들이 많이 살아 일찍이 철원에서 창도까
지 광물을 운반하기 위한 철도가 놓였고 훗날 내금강까지
연장되어 관광용으로 금강산전철이 완공되었다. 창도 우
리 집 바로 뒤가 금강산 가던 철길이었고 지나가는 전철
을 보면 내부가 참 깨끗했다. 서울 외갓집에서 사촌 형이
나 형수님이 금강산에 가면서 창도 집에 들러 방학 중인
나를 꼭 데려갔다. 그래서 금강산에 총 4~5회 다녀왔는데

창도 사람 중에는 금강산에 못 가본 사람들도 꽤 많았다. 일반인들은 경제 사정이 여의치 않아 갈 수 없었다. 창도는 금강산으로 가는 길목으로, 금강산 전철 이외에도 택시를 타고 통구 현리를 거쳐 금강산에 갈 수 있었다.

내금강역 건물에 단청이 울긋불긋했고 마당에는 잔자갈이 깔끔하게 깔려있었으며 담배꽁초 하나 안보였다. 그 앞에 일본사람들이 운영하는 여관들이 쭉 있었고 오작교 다리를 건너가면 장안사국민학교가 있다. 길가에는 사슴들이 뛰어놀았는데 일본사람들이 철저하게 관리하는 모양이었다. 형님들은 여관에서 며칠간 지냈다. 금강산은 풍광이 수려하고 깨끗해 한국인들뿐만이 아니라 일본에서도 수학여행을 많이 왔고 일반인 관광객들도 많았다. 금강산 제일 높은 봉우리가 비로봉인데 나는 어리니까 올라가지 못했고 아래에서 놀면서 기다렸다. 목각으로 된 기념품이 많았고 오뎅[어묵]을 맛있게 먹었으며 어른들은 홍차를 마셨다. 일본여관이 굉장히 친절했고 어린 나에게도 존댓말을 쓰며 깍듯이 대해주었다. 차 타고 외금강과 바닷가[해금강]에도 갔었다. 태평양전쟁 말기에 창도에서 금강산으로 가는 철도를 철거해 이후 철원에서 창도까지만 운행하게 되었다. 단발령에서는 기차가 앞에서 끌고 뒤에서 밀어주었는데 굉장히 천천히 운행했다. 기차가 자주 다녀 김화에서 철원으로 통학할 수 있을 정도였다.

철원의 금강산전기철도
전기시설 흔적

금강산전기철도(주) 발전시설은 중대리발전소 7,000㎾, 향천리발전소 3,250㎾, 신일리발전소 2,600㎾, 판유리발전소 720㎾, 합계 13,570㎾를 생산했다. 이것을 66,000V 송전선으로 철원 경성 방면으로 보내고 자가 철도용과 전등 전력 공급에 충당하였다. 또 그 잉여 전력은 모두 경성전기(주)에 공급하였다. 전등 전력은 강원도 철원군 철원읍·동송면·어운면·북면·신서면, 김화군 김화면·금성면·원북면·원동면·창도면·통구면, 평강군 평강면·남면, 통천군 고저읍·통천면·벽양면, 회양군 내금강면·안풍면, 고성군 장전읍·외금강면·고성면·서면, 경기도 연천군 연천면·영근변·군남면, 포천군 포천면·영중면·신북면·소흘면·군내면에 공급하였다. 송전선로 경성송전선[중대리발전소~경성부 마장정] 거리는 약 170㎞로 전부 철탑을 사용하고 2회선을 가선[架線]하였으며, 철탑의 경간은 최소 182m, 최대 412m, 높이는 22.7m이다. 철원분기선[토성리 분전소~철원변전소]은 전압

66,000V, 거리 8.2㎞이다.

철원군에서 현재 확인되는 금강산전기철도 전기시설은 철원변전소, 김화변전소, 토성분전소 등 건물터와 송전선로의 일부 송전탑(전주) 흔적이다. 이를 확인할 방법은 일제강점기 지도와 당시 회사 안내 팸플릿 등이고 『금강산전기철도주식회사20년사』에 일부 내용이 전한다. 철원변전소는 전기철도와 철원군, 평강군, 김화군 일부와 경기도 연천군에 전등 전력을 공급하였다. 건물은 철근 콘크리트 구조 건물이고 평면적은 276㎡이다. 철원변전소의 출력은 2,700KVA이고 변압기는 미쓰비시제 900KVA 4개와 수은 정류기 미쓰비시제 800㎾ 2기가 설치되었다. 일제강점기 기록에 김화변전소와 토성분전소 건설 내용은 없다. 송전탑은 갈말읍 지경리·토성리·동막리·김화읍 생창리·용양리 일대에 흔적이 남아있다.

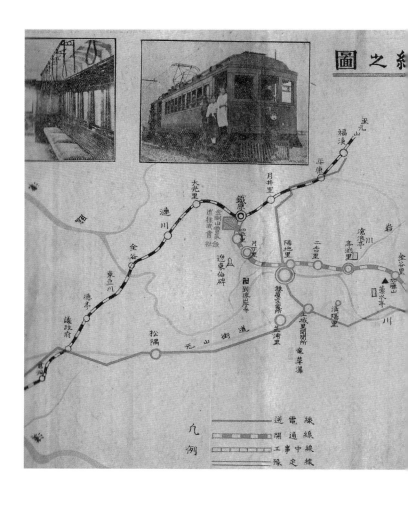

금강산전기철도 전차선로 및 송전선 지도(황종현 제공)

금강산전기철도 100년의 기억

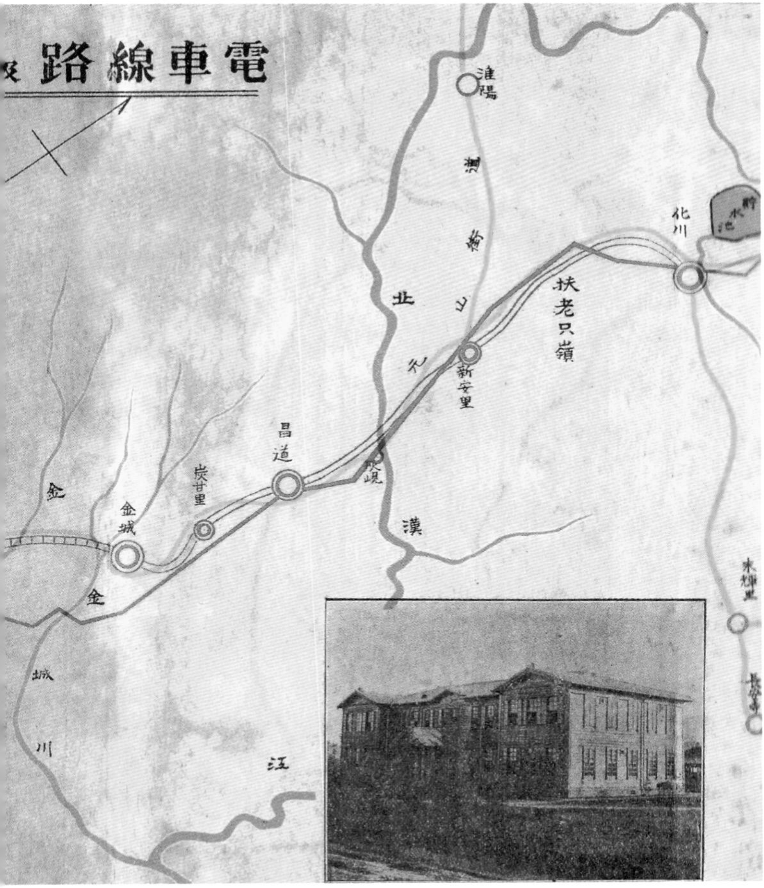
電車線路
淮陽
化川
扶老只嶺
新安里
昌道
炭甘里
金城
北
漢
金
金
城
川
江

6·25전쟁 당시 김화변전소 폭격 장면(1950.7.27.)(황종현 제공)

금강산전기철도 100년의 기억

철원에 남아있는 송전선로 흔적(6·25전쟁 당시, 사진 제공 황종현)

갈말읍 지경리 일대 송전탑

갈말읍 동막리 외동교 주변 송전탑

폭격으로 부서진 김화변전소 주변

김화읍 용양리 · 암정리 일대 김화변전소와 송전탑

금강산전기철도 100년의 기억

동송읍 양지리 마을 앞 철원변전소 터

갈말읍 토성리 일대 토성분전소 터

금강산 전철길 따라 걷기 스토리텔링

 금강산전기철도는 당시 행정구역상으로 철원군[6역]에서 출발하여 평강군[1역], 김화군[17역], 회양군[4역]까지 이르는 구간으로 총 28개의 역이 있었다. 주요 역으로는 철원·양지·정연·김화·금성·창도·현리·단발령·내금강 등이 있었고, 현재 철원군(옛 김화군 포함)에 속한 역은 철원~사요~동철원~동송~양지~이길~정연~유곡~금곡~김화~광삼 등이다. 지금은 당시 놓였던 철도 레일은 아예 없고 흔적과 윤곽만 남아있을 뿐이다. 철도 길을 따라가다 보면 곳곳이 끊겼고 민간인출입통제선[민통선] 안에 있어 접근이 어려운 곳이 많으며 철교 교각이 그대로 남아있는 곳도 있다. 역의 모양이 그대로 남아있지는 않으나 역사驛舍가 있던 터와 주변 모습이 비교적 그대로 보존되고 있는 곳도 있다. 철도역이 있었던 마을은 사실상 당시 철원군에서 사회·경제적으로 중심 역할을 했던 곳이다. 철원역에서 금강산으로 철도 여행 간다는 기분으로 출발해 현재 철원군에서 접근이 가능한 곳을 따라 걸으며 주변 풍광을 둘러보았다.

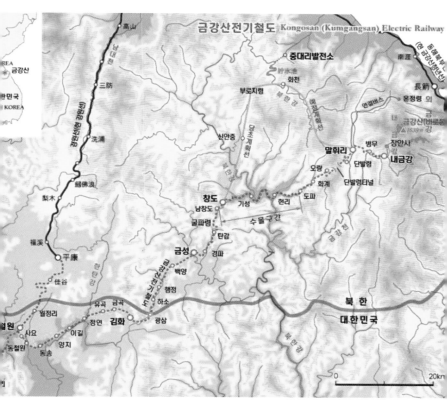

금강산전기철도 전체 노선도(철원역사문화연구소 제공)

▶ 철원역

위치 : 강원도 철원군 철원읍 외촌리 655-27
개업 : 1924년 8월 1일

지금 철원역鐵原驛에는 잡목과 잡초가 온통 뒤엉켜있어 아쉽게도 어디가 역사驛舍이고 어디가 철도鐵道인지 분간할 수 없다. 6·25전쟁으로 3년간 들어올 수 없다가 1953년 전쟁이 끝나고 수복되어 다시 왔을 때 모습이 어떠했을지 묘하게 연상된다. 100년 전인 1924년 금강산전기철도가 개통했을 때는 새로운 문물의 등장으로 엄청난 인파가 몰리고 주목받았을 텐데 지금은 남북분단 현실을 반영하듯 역사의 뒤안길에서 쓸쓸하게 방치되어 있다. 이런 현실을 아는지 모르는지 겨울 철새인 천연기념물 두루미들이 우아한 자태로 상공을 여유 있게 선회한다. 철원역에서 주위를 살펴보면 철원평야가 얼마나 넓은지 실감할 수 있고, 기찻길을 따라 남북으로 탁 트인 모습에서 추가령 구조곡을 따라 경원선을 부설한 이유를 알 수 있다. 철원역에서 경원선과 금강산선은 갈라지는데 아직도 철원역 승강장에는 분기점이 그대로 남아있다. 승강장에서 북쪽 아주 멀리 지평선 끝으로 북한 땅 평강의 낙타고지가 보이고, 북서쪽으로 고암산[高岩山, 780m, 김일성고지]이 선명하게 보이며 전방 고지들이 마치 기차처럼 줄지어 있다. 남쪽으로는 가까이에 소이산[所伊山, 362m]이 있고 그 뒤로 멀리 금학산[金鶴山, 947m]과 연천의 고대산[高臺山, 832m]이 우뚝 솟아 있으며 동쪽으로는 드넓은 들판 뒤로 야트막한 산들이 연달아 있다.

경원선京元線은 한반도를 가로질러 서울과 동해안을 잇고, 함경선과 이어져 두만강에서 시베리아 대륙철도와 연결되어 유럽까지 진출할 수 있어 전략적으로 중요했다. 경원선은 본래 금강산 쪽으로 선로 선형을 잡아서 건설하려 하였으나 물자수송이 급한 일제는 선형을 서쪽으로 잡고 최대한 시간을 줄이면서 건설했다. 경원선은 추가령 구조곡 지구대를 따라 건설되어 험준한 지형적 장애를 상당히 극복할 수 있었다. 그러나 철령 산지를 비켜 넘어야 하고 기존 도로가 없었기 때문에 공정 전반이 어려운 구간이었다. 운행 초기에는 군용 이외에는 운송 실적이 저조하였으나 연변에 금강산·석왕사釋王寺·원산 해수욕장 등 관광명소가 있어 철에 따라 객차를 늘리거나 임시열차를 운행하기도 했다. 1928년 9월 1일 원산과 상삼봉을 잇는 함

수풀이 우거진 철원역 전경

철원역 철길에서 보이는 북쪽 광경

금강산전기철도 100년의 기억

경선이 개통되어 경원선과 연결되자 3~7일씩 걸리던 서울 ~회령 간이 약 26시간, 서울~청진 간이 약 22시간으로 단축되었고 그만큼 경원선의 구실도 점차 커졌다. 철원역사 鐵原驛舍는 적벽돌 2층 건물이고 철원역 전체 면적이 5만 평이었다고 한다. 역무원은 역장[서기관급] 포함해 80명이 넘었으며 이 정도는 당시 대전역에 버금가는 규모였다고 전한다. 철원역은 1929년 기존의 철원역을 신축할 때 구내에 금강산전기철도 승강장을 설치했다.

금강산전기철도는 철원역에서 출발해 남동 방향으로 평야 한가운데를 사선으로 약간 휘면서 운행하는데 철로 변에는 운행 당시 깔려있던 자갈 흔적이 아직도 남아있다. 이곳은 일제강점기 당시 철원읍 신시가지 외곽지역으로 여러 관공서가 있던 곳이다. 기록에 의하면 철원중학교, 철원여자중학교 등이 있었던 곳으로 알려져 있다. 기찻길 주변이 지금은 모두 논이나 밭으로 이용되고 있으나 예전 에는 건물이나 주택이 있던 곳이어서 아직도 군데군데 콘

크리트 기초 구조물이 눈에 많이 띈다. 기찻길을 따라가며 주위를 보면 왼편인 동쪽으로 도로를 따라 철원금융조합, 얼음창고, 농산물검사소 건물이 줄지어 있고, 오른편인 서쪽으로 백마고지[395m]를 비롯한 야트막한 고지들이 역시 연이어 있으며, 남쪽으로 소이산[所伊山, 362m]이 눈앞에 있다. 기찻길은 논이 끝나는 부분에서 지뢰 지역을 만나게 되면서 사라진다. 지뢰 지역은 6·25전쟁이 끝나고 70년 이상 방치되어 수풀이 우거져있고 거의 밀림 수준이라 안이 안 보일 정도이다.

철원역과 사요역 사이 금강산철도길

지뢰지대 안에 있는 사요역 터

금강산전기철도 100년의 기억

지 뢰
MINE

▶ 사요역

위치 : 강원도 철원군 철원읍 사요리 226-2
개업 : 1924년 11월 1일

사요역四要驛은 간이역이었고 지금은 그 터가 지뢰 지역으로 변해있어 들어갈 수가 없으며 여름 철새인 백로와 왜가리 서식지로 변해있다. 주변 도로로 전방을 오가는 차량 소리만 이따금씩 들릴 뿐 사방이 아주 고요하다. 일제강점기 사요역 주변은 철원읍 시가지 한복판이라 철원공립보통학교, 철원군청, 강원도립 철원의원, 철원제사공장 등의 시설이 있었다. 1906년 4월 20일 개교한 철원공립보통학교는 해방 무렵에 24학급 2,600여 명 학생이 다녀 강원도에서 두 번째로 컸던 학교였으나 6·25전쟁 때 불타서 없어졌다. 1930년 11월 준공한 강원도립 철원의원은 2층 벽돌 건물로 연건평 587평에 37명 직원과 60개 병상이 있었다. 1937년 말 기준으로 의사는 일본인 5명, 한국인 5명, 치과의 1명, 약사 1명, 산파 1명이었다. 철원제사공장은 종연방적鍾淵紡績 철원공장으로 도내 유일 견사絹絲공장이었다. 일제는 1935년 경마장이었던 이곳에 공장을 세우고 철원, 평강, 김화, 연천, 포천, 화천 등지에서 생산되는 누에

일제강점기 철원읍 시가지 금강산전기철도 상세 지도(철원역사문화연구소 제공)

고치를 수집해 견사를 생산하여 미국에 수출하였다. 1936
년 말 기준으로 여직공이 550여 명이었으며 연간생산량은
50,953kg이었다. 일제강점기 철원공립보통학교에 다니던
학생들이 등교할 때 사요역에서 내려서 단체로 대열을 이
뤄 구령에 맞춰 걸어갔다고 한다.

▶ 사요역 ↔ 동철원역 구간(1.6㎞)

　금강산전기철도는 사요역에서 출발하여 지금의 지뢰
지역을 통과하고 민통선 철책을 넘어서 개활지 논 지역에
다다르고 남쪽으로 1㎞가량 일직선으로 달려 동철원역에
도착한다. 민통선 철책 둑방은 남쪽에서 보면 완만한 흙더
미이지만 북쪽에서 보면 콘크리트 장벽으로 이루어져 있
어 유사시 북한군의 침략을 저지시키거나 지연시키는 대
전차 방어벽이다. 개활지 왼편인 동쪽으로는 넓은 논이 펼
쳐지고 그 끄트머리에 대교천이 남북방향으로 흐르고 있

으며 그 뒤로는 야트막한 산등성이가 이어진다. 오른편인 서쪽으로는 가까이 산이 보이고 그 너머가 일제강점기 철원읍의 중심지였던 관전리官田里 시가지이다. 1926년 철원군번영회가 강원도청을 유치하는 운동을 벌일 정도로 철원군은 규모가 컸고 활력이 넘쳤다. 1940년대 철원군 인구가 약 10만 명이고 철원읍에만 약 2만 명이 살았다고 하니 상당히 번화했던 곳으로 각종 관공서와 극장과 시장이 몰려 있었다.

민통선 철책에서 남쪽으로 바라본 모습

전기철도길이 있는 이곳 지명은 철원읍 중리中里이고 일제강점기 번화가에서 약간 떨어진 뒤안길[피맛길]에 해당하는데, 월하리 어르신들 구술에 따르면 사요리에 있는 철원보통학교에 다닐 때 시내 한복판을 통과해서 가기 싫으면 조금 한산한 이 길로 다녔고 더 일찍 도착할 수 있었다고 한다. 기차 진행 방향 오른쪽 남서쪽 산자락 끝에는 조선 시대 북관정北寬亭 정자가 있던 곳으로 철원도호부 바로 뒤에 있어서 당시 금강산으로 가던 시인 묵객들이 꼭 들르는 필수 코스였으며, 이곳에서 북쪽을 바라보면 함경도까지 보인다고 표현했을 정도로 시야가 좋다. 조선 시대 가사 문학의 대가 송강 정철[松江 鄭澈, 1536~1593]은 철원지역의 탁 트인 넓은 평야를 바라보고 저 너머 멀리 있었던 태봉국 도성과 궁예왕의 슬픈 역사를 생각하며 세월의 덧없음과 인생무상을 노래했다. 예전의 기찻길은 지금 농로로 사용되고 있고 바로 옆 왼쪽으로 전봇대가 줄지어 서 있으며 오른쪽으로는 농업용 수로가 이어진다.

▶ 동철원역(월하리역)

위치 : 강원도 철원군 철원읍 중리 75-3
개업 : 1924년 8월 1일

동철원역東鐵原驛이 있던 곳은 철원읍 중리와 월하리가 만나는 곳으로 바로 앞 도로가 삼거리를 이루고 있다. 동철원역 터에는 현재 벼 건조장 시설이 들어서 있고 외관이 파란색 샌드위치 판넬로 되어있어 멀리서도 눈에 띤다. 건물 바로 옆 논바닥에는 겨울 철새 천연기념물 두루미가 먹이 활동을 하고 있고 가끔 '뚜루뚜루' 소리를 내며 날아간

6·25전쟁 당시 파괴된 동철원역(황종현 제공)

다. 왼편인 남동 방향으로 조금 떨어진 곳에 한다리의 윤곽이 보인다.

한다리는 일제강점기인 1934년 대교천에 놓인 다리로서 철원읍과 동송읍을 잇고 있으며 현재 철원군에서 역사가 가장 오래된 다리라고 할 수 있다. 물론 일제강점기에 놓였던 다리는 6·25전쟁 때 폭격으로 부서졌고 현재 있는 다리는 그 이후에 새로 놓은 것이다. 동철원역 앞 도로 삼거리에서 남쪽으로는 철원읍 월하리와 화지리로 이어지

고, 서쪽으로는 관전리와 사요리로 연결되며 동쪽으로는
대위리와 양지리로 갈 수 있다. 관전리는 철원군의 중심지
로 조선 시대 철원도호부가 있었고 일제는 그 자리에 철원
경찰서를 설치했다. 일제강점기 신문보도에는 전깃불이
훤하게 밝혀진 동철원역 근처의 화려한 밤거리 풍광이 그
려져 있고, 금강산으로 가려고 했던 관광객들의 설렘이 담
겨있다.

금강산전기철도 동철원역이 있었던 곳

▶ 월하리 철교(관우리 철교)

위치 : 강원도 철원군 철원읍 월하리 91-25

동철원역을 출발한 기차는 이제 남동쪽으로 급커브로 방향을 꺾어 대교천 월하리 철교를 건너 동쪽으로 진행한다. 월하리 철교 대교천 둑방에서 서쪽으로 바라보면 그 곡선 주로가 그대로 아직도 논둑으로 되어있어 그 윤곽을 확실히 알 수 있고 그 뒤로는 월하리月下里 마을이 한눈에 들어온다. 월하리 마을 뒤 산자락 월하분교 자리[옛 철원향교 테]에서는 최근 고려를 세운 왕건王建의 사저로 추정되는 유물이 발견되었고, 그 산등성이를 따라 서쪽으로 2㎞ 정도 걸어가면 동주산성이 나온다. 이 탐방로는 '천년 역사의 숨결 녹색길'이라고 명명되어 외부 탐방객들이 찾고 있고 마을 사람들의 건강 산책로이기도 하다. 월하리는 일제강점기 지주가 많이 살았던 부자마을이라 전하는데 6·25전쟁 때 완전히 폐허가 되었고 수복 직후에는 민통선에 가로막혀 한동안 출입이 제한되었으나 지금은 자유롭게 드나들 수 있다.

대교천 둑방 서쪽으로 보이는 풍광

대교천에 건설된 월하리 철교

월하리 철교는 규모가 그리 크지는 않지만 가운데 교각이 새카만 장방형 현무암으로 길쭉한 타원형 아치를 그리며 차곡차곡 쌓아 올려 모양이 예쁘다. 양쪽 끝에 있는 교대는 콘크리트 구조물로 되어있어 가운데 교각과 대조를 이룬다. 이는 아마도 홍수로 인해 유실되었거나 6·25전쟁 기간에 파괴된 것을 복구한 게 아닌가 추측된다. 이곳에서 동쪽 끝 산등성이를 보면 가운데가 절개되어 있어 그곳이 기차가 지나던 곳임을 알 수 있다. 월하리 철교 남쪽 가까이에는 천년 사찰인 도피안사到彼岸寺가 있고 그 건너편에는 철원향교가 있어 이곳이 역사적으로 상당히 유서 깊은 곳임을 알 수 있다. 도피안사는 피안의 세계 즉 깨달음의 세계에 다다른다는 의미로 신라 경문왕 5년[865] 도선국사道詵國師가 창건했고 국보 63호인 철조비로자나불이 모셔져 있다. 저 멀리에는 태봉국 건국 전설이 전하는 금학산이 우뚝 솟아 있다. 풍수지리설의 대가 도선국사가 태봉국 궁예왕에게 금학산을 주산主山으로 삼으라고 권했으나 그 말을 듣지 않고 고암산을 주산으로 정해, 금학산 산신령이 노해 이곳에서 나는 산나물이 써서 3년 동안 먹을 수가 없었다고 전한다.

금강산전기철도 100년의 기억

▶ 동철원역 ↔ 동송역 구간(2.8㎞)

　금강산전철이 산의 절개지를 통과하면 넓은 개활지가
나오고 왼편인 북쪽에는 가까이에 야산들이 이어지고 오
른편인 남쪽에는 드넓은 논과 학鶴저수지가 펼쳐진다. 학
저수지는 일제강점기 식량 증산을 위하여 만들어졌으며
그 이전에는 그냥 하천이 흘렀던 곳이다. 최근 각종 철새

절개지에서 동쪽으로 바라본 풍광

가 많이 찾고 있으며 걸어서 저수지를 한 바퀴 돌 수 있는 탐방로가 만들어져 주민들이 즐겨 찾는다. 한편 학저수지 주변 뱀산에는 철원 출신 역사 인물인 고려 명장 최영崔瑩 장군 조상들 묘가 있다. 금강산전철길과 평행해 바로 옆 왼쪽으로는 자동차 도로가 있는데 이 도로명이 '금강산로' 이다. 여기서부터 대위리, 양지리, 이길리, 정연리까지 약 15㎞는 이 금강산로와 평행해 동쪽으로 향한다. 이 일대는 현재 젖소를 키우는 축산농가가 많이 들어와 있다.

▶ 동송역(대위리역)

위치 : 강원도 철원군 동송읍 대위리 465-2
개업 : 1925년 12월 20일

　동송역東松驛은 금강산전기철도가 개통한 지 1년이 지나 설치된 작은 간이역으로 처음에는 대위리역大位里驛으로 불리었으나 나중에 바뀌었다. 자료에 따르면 정류소[간이역]의 경우 손님이 잠시 머물 수 있는 2평 정도의 작은 건물만 갖췄다고 한다. 일제강점기 철원군의 중심은 철원읍이었고 그 동쪽에 있어 동송면이라고 불렸으며 주로 농지가 많은 지역이다. 일제강점기 동송면 소재지는 오덕리였

금강산전기철도 100년의 기억

동송역 터에서 서쪽으로 바라본 풍광

금강산전기철도 대위리 철교

고, 6 · 25전쟁 후 이평리가 새로운 중심지로 자리매김했다. 동송역에서 열차 진행 방향의 반대쪽인 서쪽을 바라보면 가까이는 학저수지 뱀산이 보이고 멀리 뒤쪽으로는 이평리 금학산이 솟아 있다. 대위리는 동송면에 속한 하나의 마을로서 오덕리 옆에 붙어있는데 조선 시대 높은 벼슬을 지낸 사람이 살았다고 해서 붙여진 지명이다. 일제강점기 때 대위리는 동송역이 있고 철원읍으로 가는 길목이라서 번성했으나 수복 이후 민통선에 의해 일부만 남은 아주 작은 마을이 되어버렸다. 한편 동송역이 있었던 마을의 자연부락 명은 '하시래下視來'인데 봉학산鳳鶴山에서 북쪽에 있는 마을로 눈 아래로 내려다보인다는 뜻에서 붙여진 이름이다. 하시래 마을은 수복 직후 민통선에 막혀 들어갈 수 없었고 자연스럽게 사라졌다.

▶ 대위리 철교

위치 : 강원도 철원군 동송읍 대위리 330-4

동송역에서 동쪽으로 300m가량 가면 실개천이 나오고 그곳에 대위리 철교가 있는데 '금강산 가던 철길'이라는 표지판이 또렷하게 보인다. 한겨울이라 개울 바닥이 얼어붙어 다리 밑으로 내려가 다리 모양을 자세히 들여다볼 수 있다. 월하리 철교와 마찬가지로 3개 교각이 있는데 교각은 각진 현무암으로 둥그렇게 타원형으로 차곡차곡 쌓아 올린 모양이다. 이 다리가 월하리 철교보다는 약간 길고 높다. 다리 양쪽 끝은 콘크리트로 마감처리 되어 있다. 철교 다리 옆면에 '昭和六年 龍山工作株式會社 製作 金剛山電氣鐵道株式會社'라고 새겨진 명판이 붙어있다. 昭和六年은 금강산전기철도의 완전 개통 연도인 1931년이다. 철교에서 실개천 상류 쪽 가까이에 금강산로 다리가 있고 그 위쪽에는 자동차와 탱크가 북에서 내려오지 못하게 설치된 콘크리트 장애물이 있으며 그 옆에 민통선 초소가 있다.

▶ 동송역 ↔ 양지역 구간(4.3㎞)

금강산전기철도는 대위리 철교를 통과해서 다시 개활지를 만나고 금강산로와 평행선을 이루며 동쪽으로 이어진다. 왼편인 북쪽으로는 야트막한 산이 계속 이어지고 오른편인 남쪽으로는 넓은 평야가 펼쳐져 있다. 1㎞가량 동쪽으로 가다가 보면 동송읍 오덕리에서 들어오는 도로와 만나는 로터리가 있고 그 주변 동쪽과 북쪽으로 전차 방어벽[탱크 저지선]이 가로막고 있다. 이런 전차 방어벽은 철원 같은 전방 지역 중요 길목에서 자주 볼 수 있는데 전쟁이 발발하면 북한의 전차를 방어하고 일시적이나마 침략을 지연시키기 위해 설치된 것이다. 이 전차 방어벽을 통과해 동쪽으로 더 가면 아주 넓은 개활지가 나오고 저 멀리 북한 땅 오성산 모습이 나타난다. 개활지 왼쪽 논이 끝나는 부분에는 지뢰 표지판이 달린 철조망이 이어지고 그 뒤로 수풀이 우거져있다. 여기서부터 금강산철길과 금강산로는 서로 위치를 바꾸어서 왼쪽에 금강산철길 오른쪽에 금강산로 이렇게 평행선을 이루며 양지역까지 이어지고 서로의 간격은 점점 벌어지고 이내 다시 평행을 이룬다.

양지리 벌판 한가운데 금강산철길

금강산철길 왼쪽으로 보이는 군량봉

이 지점에 이르면 다시 한번 철원평야가 얼마나 넓은지 실감하게 된다. 금강산로 오른쪽 평야 남쪽으로는 한탄강이 동서 방향으로 흐르고 있고 그 옆으로는 산지가 이어진다. 기찻길 옆 평야 곳곳에서는 두루미가 먹이 활동을 하고 있고 인기척을 느끼면 목을 길게 빼고 경계 태세에 들어간다. 겨울 철새 두루미는 천연기념물 202호[두루미], 203호[재두루미]로 지정되어 있고 장수와 화목의 상징으로 대부분 부부와 자식을 합쳐 3~4마리씩 가족 단위로 움직인다. 철원군에는 해마다 약 7천~1만 마리가 찾아와 겨울을 나고 있는 것으로 알려져 있다. 일반인들 접근이 어려운 민통선 안과 DMZ 인근 논바닥에는 추수 때 떨어진 곡식 낱알이 많아 그 개체 수가 점차 증가하고 있다. 한편 이 지점 기찻길 주변에서 북쪽으로 바라보면 평야 한가운데 봉긋한 산이 있는데 군량봉이라고 한다. 2㎞가량 동쪽으로 더 가면 양지리 마을이 나오고 양지역에 도착한다.

▶ 양지역

위치 : 강원도 철원군 동송읍 양지리 1890
개업 : 1924년 8월 1일

　　금강산전기철도 철원 운행구간 교행交行은 1930년대까
지만 해도 대체로 정연역이나 김화역에서 이루어졌고 동
철원역에서 일부 이루어졌지만 1940년대가 되면서 양지
역陽地驛에서 일부 교행하였다. 양지역은 처음에는 간이역
이었지만 나중에 보통역으로 승격되었으며 1939년경 역
사를 새로 짓고 교행 시설도 갖추었다. 양지리陽地里는 야
트막한 산이 찬 북풍을 막아주고 남쪽 구릉진 곳에 마을이
자리 잡은 말 그대로 햇볕이 잘 드는 마을이고 예로부터
마을 앞 논에서 양질의 쌀이 생산되는 곳이다. 6 · 25전쟁
으로 완전히 폐허가 되었고 수복 이후 민통선에 가로막혀
한동안 들어오지 못하다가 1973년 3월 1일 민북마을이 건
설되어 100가구가 집단 입주하였다. 마을 뒤쪽에 있는 토
교저수지는 철원군 벼농사 농업용수의 절반 이상을 책임
지고 있으며, 두루미와 기러기 등 겨울 철새들이 월동하는
곳이라 수많은 탐조관광객이 찾고 있어 이제는 철새 마을
로 더 유명하다. 마을 내에 있는 양지초교를 두루미 평화

Ⅲ. 금강산전기철도 추억과 흔적　　　　　　　　　　　209

금강산전기철도 양지역 터

이길리 입구 금강산철길 솔안다리

금강산전기철도 100년의 기억

타운으로 개조해 전방 DMZ 안보 관광, 겨울철 탐조관광을 관장하고 있다. 마을 앞 도로 변에 있던 양지역 터에서 사방을 둘러보면 동쪽으로 오성산이 또렷이 보이고 서쪽에는 금학산이 우뚝 솟아 있으며 남쪽으로 멀리 명성산[鳴聲山, 923m]이 보인다. 혹자는 철원군에서 이렇게 큰 3개의 명산이 한눈에 보일 수 있는 곳이라 명당이라고 말하기도 한다.

▶ 솔안다리

위치 : 강원도 철원군 동송읍 양지리 73-5

양지역에서 동쪽으로 1㎞가량 가면 양지리 마을이 끝나면서 논과 밭이 나오는데 왼편인 북쪽으로 거대한 토교저수지 제방이 나타나고 그 뒤로 DMZ 일대 전방 고지와 경계초소GP가 보인다. 오른편인 남쪽으로는 넓은 들판과 한탄강이 있으며 그 옆으로 높은 산이 연달아 이어지는데 그 뒤쪽에는 갈말읍 동막리와 내대리 마을이 있다. 철새마을이고 저수지 인근이라서 그런지 떼지어 나는 기러기가 수시로 눈에 띄고 이따금 씩 "뚜루뚜루" 소리 내며 두루미도 우아하게 난다. 몇 년 전에는 이곳에 독수리도 많이 찾아왔는데 지금은 조류 인플루엔자 때문에 먹이를 주지 않아 오지 않는다. 평지를 가다 보면 조그만 도랑 위에 다리가 나오는데 '솔안다리'라고 부른다. '솔안'은 이길리에 있던 자연부락 송내동松內洞의 한글 표기이다. 솔안다리는 콘크리트로 만들어진 아치형 다리로써 크기는 작으나 모양이 고풍스럽고 우아하다. 더군다나 교각 표면에 넝쿨식물 뿌리와 줄기가 마치 붙여놓은 것처럼 퍼져 있어 하나의 작품을 보는 듯하다. 이 다리도 100년 세월을 버텨낸 것인데 분단과 전쟁의 가슴 아픈 현대사를 같이 한 셈이다. 솔안다리 위 금강산 철길은 이길리 주민 산책로로 이용되고 있어 향후 외부 관광객을 유치해 금강산 철길 따라 걷기 프로그램을 할 수 있다. 솔안다리 바로 옆에는 2024년 새롭게 조성된 이길리 마을이 있다. 이길리 마을은 원래 이곳에서 약 1㎞ 동쪽의 저지대에 있었으나 여러 차례 한탄강 범람으로 침수되어 고지대인 이곳으로 작년에 이주하였다.

▶ 이길역

위치 : 강원도 철원군 동송읍 이길리 268-2
개업 : 1924년 11월 1일

양지역에서 이길역二吉驛까지 거리는 3.9㎞이다. 이길리
二吉里는 현재 민통선 초소를 거쳐야만 들어갈 수 있는 민
북마을이다. 솔안다리에서 동쪽으로 1㎞ 정도 내리막길
을 가면 민통선 초소가 나오고 이길리 마을 이정표가 있
다. 이길리는 일제강점기 지금의 마을 북쪽 산밑에 있었
으나 6·25전쟁으로 완전히 사라졌으며 수복 직후에는 민
통선에 막혀 들어올 수 없다가 1979년 11월 1일 인근 마을
정연리에서 68세대가 분가해 입주하였다. 그런데 정착한
마을이 한탄강 인근 저지대에 조성되어 여름철 집중호우
로 한탄강이 범람해 여러 차례 수해를 입었다. 반복되는
침수로 인해 새롭게 이주한 곳이 앞서 말한 솔안다리 바
로 앞 마을이다. 이길리 마을 입구 민통선 초소에서 100m
가량 금강산로를 따라가다가 왼쪽으로 꺾어지면 바로 이
길역이다. 기찻길의 윤곽이 그대로 있고 이길역 터는 지
금 밭으로 이용되고 있다. 이길역 터에서 사방을 둘러보
면 북쪽으로는 높은 산이 가로막고 있는데 그 산등성이가

남방한계선이다. 남쪽으로는 이길리 마을이 있고 그 뒤로 한탄강 제방과 산이 보인다. 동쪽으로는 가까이에 정연리 마을이 보이고 오성산이 한층 더 가까이 보이며 서쪽으로는 새로 조성된 이길리 마을과 저 멀리 지평선 위로 금학산 일부가 보인다.

금강산전기철도 이길역 터

▶ 정연역

위치 : 강원도 철원군 갈말읍 정연리 1102-4
개업 : 1924년 8월 1일

　이길역과 정연역亭淵驛은 평지에 동서 방향으로 이어지고 사이 거리는 3.3㎞이다. 여전히 왼쪽으로는 남방한계선 라인이 이어지고 오른쪽으로는 한탄강 제방이 이어진다. 정연리는 일제강점기 평강군 남면에 속해 있다가 6·25전쟁 직후 남한에 편입되어 갈말읍 정연리가 되었고 한동안 민통선에 막혀 들어갈 수 없었다. 민북마을 정연리는 1971

년 12월 10일 120세대가 연립주택 60동에 입주하였다가 후일 이길리 주민들이 분가하여 나갔다. 정연리는 인근 한탄강 이름이 정자연亭子淵이라 붙여진 이름이다. 일제강점기 마을 앞으로 금강산전기철도가 지나고 철원과 김화의 중간 지점에 정연역이 위치하는데 농산물 수확이 많고 주변에 상가가 번성해 역 주변에만 200여 세대가 모여 살았고 정연리 전체는 450세대였다. 정연리는 오래전부터 풍천임씨 집성촌이었고 일제강점기 경찰서와 금융조합의 출장소가 설치되었으며 지금도 정연금고 건물 일부가 남아있다.

정연역 터와 산등성이 남방한계선

정연역에서 사방을 둘러보면 북쪽으로 산등성이 위에 멸공 OP와 남방한계선 철책이 보이고, 남쪽으로는 바로 앞에 한탄강 삼합교三合橋가 보이고 멀리 도창리 마을이 보이며 아주 멀리 남쪽 끝에 명성산이 희미하게 보인다. 삼합교는 이곳이 철원, 평강, 김화가 만나는 지점이라 붙여진 이름이다. 남서쪽에 구정연리 마을이 있고, 서쪽 산 밑에 신정연리 마을이 있다. 1996년 홍수 때 정연리 마을이 완전히 침수되어 큰 피해가 발생하였으며 이후 일부 주민들이 산 쪽으로 집단이주해 신정연리 마을이 생겨났다.

▶ 정연철교
위치 : 강원도 철원군 김화읍 도창리 산81-2

정연역 터에서 동쪽으로 200m 가면 지뢰지대로 수풀이 워낙 울창해서 이곳에서부터 정연철교까지는 금강산 철길이 사라졌다. 정연철교는 한탄강 최상류에 있는 다리로 갈말읍 정연리와 김화읍 도창리를 잇고 있으며 국가등록문화재로 지정되어 있다. 정연철교에는 "끊어진 철길! 금강산 90키로"라는 안내판이 커다랗게 붙어있다. 정연은 조선시대 금강산으로 향하는 길목이고 풍광이 아름다워 시인 묵객들이 자주 들렀던 곳이다. 조선 후기 진경산수화의 대가 겸재 정선도 금강산 가던 길에 이곳에 들러서 '정자연도'를 남겼다. 정자연도를 보면 한탄강 주상절리柱狀節理를 섬세하게 표현하고 있고 지금은 지뢰지대인 곳이 옛날 마을이 있었던 곳임을 알 수 있다.

당시 한탄강 기암절벽 위에는 창랑정滄浪亭이란 정자가 있었고 그곳에서 바라본 한탄강 절경은 실로 아름답다. 창랑정은 조선 광해군 때 강원도 관찰사를 지냈던 월탄月灘 황근중黃謹中이 인조반정으로 낙향하여 세운 정자이다. 정연철교 교각은 현무암으로 타원형 모양으로 차곡차곡 쌓아 올렸다. 일제강점기 말기 미군 폭격기가 정연철교를 폭파하려고 폭탄을 투하했는데 빗나가서 서쪽 부분 일부만 부서졌다고 한다. 현재 철교 위에는 전기를 끌어오는 철탑이 하나 남아있고 그 위에 애자도 아직 달려있다. 겨울철에는 철교 밑 강바닥이 훤히 드러나 보일 정도로 강물이 맑고 고요하며, 겨울 철새 두루미가 남북을 자유롭게 왕래한다. 이른 봄에는 새카만 현무암 주상절리에 물감을 뿌려놓은 듯 진달래와 철쭉이 피어 수묵화를 보는 듯하다. 이곳은 현재 한탄강 최북단이고 바로 옆으로 남방한계선이 지나가 더이상 북쪽으로 갈 수 없다.

금강산전기철도 정연철교

금강산전기철도 100년의 기억

▶ 유곡역

위치 : 강원도 철원군 근북면 유곡리 367-1
개업 : 1926년 7월 10일

정연철교를 지나면 금강산철길은 바로 옆 남방한계선 철책과 평행선을 이루며 평야 지역을 통과하여 유곡역榆谷驛에 다다른다. 정연역과 유곡역 사이 거리는 4㎞이다. 이곳 평야 지역도 상당히 광활한데 이 일대를 '먼들'이라 부르기도 하고 '민들레 벌판'이라고 부르기도 한다. 이는 구멍이 뻥뻥 뚫린 시커먼 멍돌 즉 현무암이 많이 깔려있어 붙여진 이름이다. 이 먼들이 6 · 25전쟁 당시 미군 작전 지도에 'Mendle'로 표기되었고 이를 한글로 표현하면서 민들레가 되었다고 한다. 결국 민들레 벌판에는 민들레가 없는 셈이다. 이곳은 일제강점기 김화군 근북면 중심지로 벼농사가 성했고 쌀의 주산지였다. 일제강점기 유곡리는 1구에서 3구까지 있었고 규모는 250호에 1,500명이 넘는 마을이었다. 마을에서 지금 철책선이 있는 벌판 쪽으로 수백 미터 나가면 금강산전기철도 유곡역이 있었다. 6 · 25전쟁은 끝났으나 민통선 안이라 들어갈 수 없었고 수복 이후 1973년 7월 30일 60세대가 입주하여 민북마을

금강산전기철도 유곡역 터

김화읍 암정리 김화역 터

이자 통일촌이라는 별칭이 붙었다. 북한 오성산이 코앞에 보이는 유곡리는 전선 방위는 물론 유휴경지 활용을 목적으로 대북한 우위성을 입증하기 위해 건설된 대표적인 선전마을이다. 유곡리는 입주할 때 군 출신 30세대, 민간인 30세대를 선발해 논 3천 평, 밭 3천 평 도합 6천 평을 각기 나누어주었다.

● 김화역

위치 : 강원도 철원군 김화읍 암정리 158-2 일원
개업 : 1924년 8월 1일

유곡역을 출발한 금강산전철은 북쪽의 오성산과 남쪽의 성재산 사이 구릉지대를 지나 금곡역[근북면 금곡리 1307]에 도착하고 동남쪽으로 방향을 틀어서 이내 김화역金化驛에 다다른다. 유곡역에서 금곡역金谷驛까지 거리는 3㎞이고, 금곡역과 김화역 거리는 4.3㎞이다. 금곡역은 현재 DMZ 안 지역이라 접근이 불가하다. 김화역은 김화군 중심지이자 김화읍 한복판인 암정리에 있었다. 김화역 터로 추정되는 곳은 현재 국도가 있는 지대보다는 약간 높아 사방이 훤하게 보인다. 바로 뒤쪽에는 계웅산[鷄雄山, 604m]이 있는

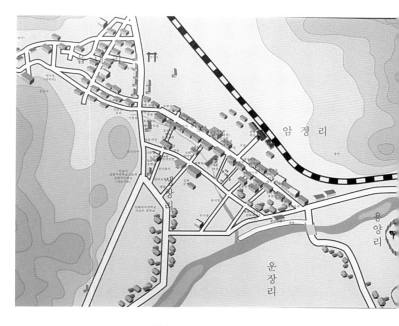

일제강점기 김화읍 시가지 지도(ⓒ김화이야기관)

데 정상에 군부대 OP가 있으며 북쪽으로 높은 능선이 이어지고 휴전선 너머 소이산과 오성산[五聖山, 1,062m]이 보인다. 오성산은 6·25전쟁 당시 미군과 중공군 사이에 치열한 고지전이 벌어졌던 곳으로 현재는 북한 땅이며 날씨가 좋으면 의정부까지 관측된다고 한다. 서쪽으로는 남한의 성재산[城齋山, 471m]과 큰 산들이 남쪽으로 연이어 있다. 동쪽으로는 멀리 대성산[大成山, 1,175m]을 위시해 남쪽으로 한북정맥이 이어진다. 남쪽으로는 김화읍 옛 시가지인 암정리, 생창리, 읍내리 시내가 바로 앞에 있고, 멀리로는 지뢰지대와 운장 분지, 신벌 들판이 펼쳐진다. 그 사이로 북에서 발원한 화강花江이 남북방향으로 흐르고 있다. 김화역을 비롯한 김화읍 시가지는 주위가 산으로 둘러싸인 아늑한 분지 지형이다.

　일제강점기 김화읍 시가지는 김화역을 중심으로 암정교까지 상가와 주택이 밀집해있었다. 김화역 앞에 운송조합, 섬유조합, 백화점, 무전회사, 극장 등이 있었고 역으로 들어가는 오른쪽에 비교적 큰 규모의 백화점이 있었다. 시가지 건물은 목조건축물이었고 암정교부터 용양리까지 형성된 일반주거지는 돌기와집이거나 함석집이었으며 변두리에는 초가집이 있었다. 김화역 뒤쪽으로는 사과밭과 개성사람들이 심어놓은 인삼밭이 넓게 분포되어 있었다. 김화역은 3~4칸 정도의 한옥으로 지어진 역사驛舍로 하루 약 20편의 전기기관차가 있었으며 버스정류장도 있었다. 김화역은 금강산전기철도 철원~김화 구간 개통[1924년 8월 1일]과 함께 영업을 개시한 중심역이었다. 주로 철도 연변의 광산물과 임산물 특히 목탄을 서울 등지로 운송하였으며 경원선을 통해서 반입되는 건어물과 생선 등을 강원도 내륙지방으로 전달하는 중요한 구실을 담당하였다. 김화역 구내에 정구장이 있어 김화군 정구대회를 개최하기도 하였고 양철지붕의 화물 하차장과 남향으로 역전광장, 서편으로 목조창고 두 채를 보유하고 있었다.

김화역 터를 지나 100여m 동쪽으로 가면 금강산 철길임을 확인할 수 있는 콘크리트 구조물이 하나 있는데 '상동 굴다리'라고 한다. 이곳을 지나면 금강산 철길은 급하게 왼쪽으로 꺾이고 북동쪽으로 향하며 바로 그 꺾인 철길옆에 암정교와 도로원표가 있다. 암정교岩井橋는 일제강점기 김화와 화천[춘천]을 잇는 중요한 다리로 오랜 풍상에 거의 부서져 지금은 앙상하게 골격만 유지하고 있다. 도로원

표는 이곳이 김화군 중심지였음을 상징적으로 보여주는 것인데 표면에 총탄 자국이 선명하다. 이곳에서 열차는 직선으로 1km가량 용양보까지 이어지는데 왼쪽으로 계웅산 능선이 이어지고 오른쪽으로는 화강이 흐르고 있다. 지금은 제방이 있어 화강이 일정한 모양을 이루고 있으나 일제 강점기에는 제방이 없이 강폭이 넓고 주변 초목이 어우러져 풍광이 더 아름다웠을 것으로 여겨진다. 열차가 다니던 길에는 현재 농업용 수로가 설치되어 용양보에서 내려오는 물을 생창리 벌판에 공급하고 있다.

농업용 수로로 이용되는 금강산철길

일제강점기 화강에 건설되었던 용양리 철교[김화읍 암정리 14-2]를 6 · 25전쟁 후 수복해서 그 교각 바닥 부분을 콘크리트로 서로 연결해 물막이 보洑를 만들었다. 용양리 철교 교각도 각진 현무암을 타원형 모양으로 쌓아 올렸다. 이 농업용 보가 용양리 마을 이름을 따서 용양보로 명명되었고, 그 안은 70년 동안 민통선에 막혀 일반인이 들어올 수 없는 지역이라 천혜의 생태계가 보존되었다. 정부와 지자체는 2015년경 이곳 일대를 DMZ 생태평화공원으로 조성해 생태관광을 시행하고 있으며 워낙 출입이 어려운 지역이고 희소가치가 있어 관광객이 즐겨 찾는다. 또한 주변의 고지는 6 · 25전쟁 당시 치열한 고지전이 벌어졌던 곳이라 평화 통일교육 체험장으로 적격이다. 일제강점기 금강산 철길 주변에는 수십 개 마을이 있었고 수많은 사람이 모여 살던 곳이었는데 분단과 전쟁으로 완전히 사라졌고 지금은 우거진 수풀에 묻혀 흔적조차 찾을 수 없다. 용양보 위 전망대에서 북쪽을 바라보면 높고 낮은 산이 겹겹이 펼쳐져 있어 수묵화를 보는 듯하다. 남방한계선 철책과 아군 GP는 물론 북한 GP와 고지들도 또렷하게 보인다. 날씨가 좋은 날에는 금강산도 보일듯하다. 바로 앞에

금강산전기철도 100년의 기억

는 70~80년대 군인들이 DMZ 지역 경계 근무를 서기 위해 드나들던 현수교가 거의 부서져서 연결선만 남아있으며 거기에 민물가마우지 수십 마리가 나란히 앉아있다. 이 현수교는 일제강점기 송전선로였다. 용양보 하류 쪽으로 는 탁 트인 화강이 펼쳐지고 발밑에서는 경쾌한 강물 소리 가 울려 퍼진다.

　용양보를 지나면 금강산철길은 왼쪽으로 휘면서 지뢰 지역으로 들어간다. 이 지역은 전략상 중요한 최전방 지역 이라 2~3년 전만 해도 들어갈 수 없었으나 철원군청과 해 당 군부대가 오랜 협의 끝에 우거진 수풀 속에 남아있던 금강산전기철도 길의 흔적을 그대로 복원해 직접 걸으며 탐방할 수 있게 되었다. 철길 왼쪽으로는 푸른 색깔을 띤 강물이 흐르고 다양한 동식물을 볼 수 있으며 멀리로는 계 웅산의 웅장한 모습과 그 정상에 있는 군부대 OP가 또렷 하게 보인다. 오른쪽으로 천연 습지가 펼쳐져 있고 갈대 사이로 햇볕이 유난히 빛난다. 그 뒤로 천불산 자락 산등 성이가 이어지며 가끔 이름 모를 철새가 청아한 소리를 내 며 날아간다.

용양보 철교(오른쪽)와 옛 송전선로를 개조한 현수교

금강산전기철도 100년의 기억

용양보 안에 복원된 금강산철길

금강산전기철도 100년의 기억

기찻길 정면으로는 전방 고지와 DMZ 철책선이 하나둘 모습을 드러내는데 휴전선이 가까워진다고 생각하니 더욱 엄숙해지고 마음은 차분해진다. 복원된 금강산철길이 끝나는 곳에 남방한계선 철책이 가로막고 있어 더 이상 북쪽으로 가는 것은 불가능하다. 이곳에서 수백 미터 떨어진 곳에 광삼역[光三驛, 김화읍 광삼리 1133]이 있고 그 위로 하소역[下所驛], 행정역[杏亭驛, 아침리역, 향정역]이 이어진다. 김화역에서 광삼역까지 거리는 4.2㎞이고, 광삼역과 하소역 사이는 3.3㎞ 떨어져 있다.

【참고문헌】

1. 단행본

권혁진, 『김홍도, 조선의 산수를 그리다』, 도서출판 산책, 2023.

김영규, 『옛 김화군 향토지』, 철원역사문화연구소, 2022.

김영규, 『철원군 지방행정 60년사』, 철원역사문화연구소, 2013.

김영규, 『철원군과 김화군의 사라진 근현대사』, 철원역사문화연구소, 2017.

김영규, 『철원의 변천사 – 사진으로 보는 철원 100년』, 철원역사문화연구소, 2009.

김종혁, 『일제시기 한국 철도망의 확산과 지역구조의 변동』, 도서출판 선인, 2017.

손길신, 『한국철도사』, 북코리아, 2021.

이민희, 『금강산과 강원도, 근대로의 초대』, 강원연구원 강원학연구센터 강원학학술총서 19, 2021.

장혜진·이부용, 『금강산선 금강산전기철도』, 강원문화 자료학총서, 강원문화연구소, 2022.

최완수, 『겸재를 따라가는 금강산 여행』, 대원사, 1999.

2. 연구논문

강지형, 「근대 언론을 통해 본 민족의 금강산 탐승」, 江原史學 제41집, 2023.

권혁진, 「조선 시대 금강산 가는 길」, 『금강산전기철도 개통 100주년 기념 세미나 자료집』, 2024.

권혁진, 「금강산 유람객 연구」, 『금강산 옛길 인문학적 고찰 세미나 자료집』, 2024.

김갑곤, 「금강산 옛길과 'DMZ 인문학 길'의 과제」, 『금강산 옛길 인문학적 고찰 세미나 자료집』, 2024.

김백영, 「금강산의 식민지 근대—1930년대 금강산 탐승 경로와 장소성 변화」, 역사비평 131, 2020.

김백영, 「철도제국주의와 관광식민주의」, 사회와 역사 제102집, 한국사회사학회, 2014.

김백영·조정우, 「제국 일본의 선만(鮮滿) 공식 관광루트와 관광안내서」, 일본역사연구 제39집, 2014.

김영규, 「그리움과 희망의 길, 금강산 가던 길」, 『금강산 가던 길 스토리텔링』, 2011.

김영규, 「금강산 옛길과 금강산전기철도」, 『DMZ 에코인프라 세미나 자료집』, 2023.

김영규, 「금강산전기철도 탑승과 금강산 탐방기」, 『금강산 옛길 인문학적 고찰 세미나 자료집』, 2024.

김영규, 「일제강점기 금강산전기철도에 얽힌 추억여행」, 『스토리가 있는 철원 여행』, 2013.

김영규, 「철원 금강산 옛길과 금강산전기철도」, 『걸어서 금강산 가던 옛길 세미나 자료집』, 2023.

김지나·조경진·박한솔, 「구철원 시가지의 장소기억 재구성」, 국토연구 제93권, 2017.

김지영, 「일제 시기 철도여행안내서와 일본인 여행기 속 금강산 관광 공간 형성 과정」, 대한지리학회지 제54권, 2019.

김풍기·홍성구, 「일제강점기 일간지 시대의 개막과 금강산」, 동아시아고대학 제68집, 2022.

김현숙, 「근대기 혼성문화공간으로서의 금강산과 금강산 그림」, 溫知論叢 第35輯, 2010.

서영애·박한솔, 「금강산전기철도에 의한 철원지역 근대경관과 흔적」, 한국경관학회지 11-2, 2019.

손용석, 「응접실 속 금강산」, 『금강산전기철도 개통 100주년 기념 세미나 자료집』, 2024.

송영훈, 「금강산전철 개통 100주년의 의미」, 『금강산전기철도 개통 100주년 기념 세미나 자료집』, 2024.

신성희, 「'자연'의 생산과 근대적 '관광'의 형성」, 문화역사지리 28-2, 2016.

유승훈, 「근대 자료를 통해 본 금강산 관광과 이미지」, 실천민속학 연구 제14권, 2009.

이부용, 「금강산전기철도의 자연재해와 극복과정」, 2021.

이부용, 「일제강점기 금강산전기철도 건설과 금강산 개발」, 『금강산전기철도 개통 100주년 기념 세미나 자료집』, 2024.

이상균, 「전통시대 금강산 유람문화」, 『금강산전기철도 개통 100주년 기념 세미나 자료집』, 2024.

장혜진, 「일제강점기 금강산전기철도주식회사 설립과 금강산개발 실태」, 강원문화연구 제44집, 2021.

정근식, 「금강산전철과 정연리」, 『금강산전기철도 개통 100주년 기념 세미나 자료집』, 2024.

정안기, 「일정기 금강산전기철도(주)의 경영사 연구」, 경영사 연구 37-2, (사)한국경영사학회, 2022.

조성운, 「일제하 사설 철도회사의 관광개발」, 한국민족운동사연구 113, 2022.